IT 융합 서비스를 위한 유비쿼터스 기술

(RFID/USN/RTLS 기술 중심으로)

이현동, 정목동 공저

PUKYONG NATIONAL UNIVERSITY PRESS
부경대학교 출판부

IT 융합 서비스를 위한 유비쿼터스 기술

2012년 2월 20일 초판1쇄 인쇄
2012년 2월 20일 초판1쇄 발행

저 자 | 이현동, 정목동
발행인 | 박 맹 언
발행처 | 부경대학교 출판부
주 소 | 부산광역시 남구 용소로 45-1
전 화 | (051) 629-6914
F A X | (051) 629-6917
E-Mail | upress@pknu.ac.kr

값 12,000원

ISBN 978-89-94047-61-4 93560

머리글

본 서는 IT (Information Technology) 융합 서비스를 위한 유비쿼터스 기술을 논하면서 바코드 기술을 획기적으로 개선한 RFID 기술, RFID 기술에서 센서 기술을 추가한 USN 기술, 그리고 위치 정보 기술을 포함하고 있는 RTLS 기술을 중점적으로 기술하고 있다. 특히 본 서는 각각의 기술을 설명하면서 실제 구축한 예를 통해서 학습함으로써 이론과 실습을 함께 경험 할 수 있다는 특징이 있다.

유비쿼디스 (ubiquitous)의 어원은 물이나 공기처럼 시공을 초월해 '언제 어디에나 존재한다'는 뜻의 라틴어로 사용자가 컴퓨터나 네트워크를 의식하지 않고, 장소에 상관없이 자유롭게 네트워크에 접속할 수 있는 정보통신 환경을 말한다. 이 말이 처음으로 사용된 것은 1988년 미국의 사무용 복사기 제조회사인 제록스의 '마크 와이저'가 '유비쿼터스 컴퓨팅'이라는 용어를 사용하면서 부터라고 알려져 있다. 비슷한 의미로 미국 등지에서는 퍼베이시브 (pervasive) 컴퓨팅이라는 용어도 널리 쓰이고 있는데 유사한 의미로 볼 수 있다. 당시 마크 와이저는 유비쿼터스 컴퓨팅을 메인 프레임과 퍼스널컴퓨터에 이어 제3의 정보혁명을 이끌 것이라고 주장하였는데, 유비쿼터스 컴퓨팅은 단독으로 사용되지 않고 유비쿼터스 통신, 유비쿼터스 네트워크 등과 같은 형태로 자주 쓰인다. 즉 컴퓨터에 어떠한 기능을 추가하는 것이 아니라 자동차, 냉장고, 안경, 시계, 스테레오 장비나 심지어 의복 등과 같이 어떤 기기나 사물에 컴퓨터 기능을 집어넣어 커뮤니케이션이 가능하도록 해 주는 정보기술 (IT) 환경 또는 정보기술 패러다임을 뜻한다.

RFID (Radio Frequency Identification) 기술은 자동인식기술 (Automatic Identification)의 하나로서 바코드와 유사한 기능을 수행한다. 그러나 원거리에서 인식이 가능하고, 충돌방지기능이 있어 동시에 여러 개를 인식할 수 있다는 기술적 장점 때문에 바코드나 스마트 카드 등에 비해 활용범위가 넓다. RFID 기술은 RFID 리더기, RFID 태그, 안테나 등을 통하여 사람이나 상품 등을 비 접촉으로 인식해 태그에 기록된 정보를 판독하거나 기록할 수 있다. 특히 기존의 바코드 기술은 상품의 개체별로 인식이 불가 했지만 RFID 기술을 적용하면 동일한 상품에 대해서도 개체별로 인식이 가능해서 다양한 비즈니스 응용이 가능하다.

USN (Ubiquitous Sensor Network) 기술은 RFID 태그를 이용하여 개체를 식별하는 단계에서 센싱 기능을 부가하여 환경 정보를 동시에 취득하는 단계를 거쳐 센서 노드 간 통신을 통하여 Ad-hoc Network를 구축하고 기능이 적은 다른 태그를 제어하는 단계로 발전하고 있는 기술이다.

RTLS (Real-Time Locating System) 기술은 대상물의 존재여부 및 식별 코드뿐만 아니라 위치까지 파악하며, 자산이나 사람의 위치에 대한 지속적인 실시간 모니터링이 가능한 기술이다. 이를 이용한 실제 구축 예는 국내외의 관광지 (해수욕장, 놀이공원, 학교 등)를 이용하는 아동의 팔에 부착된 액티브 태그 (암밴드형, 목걸이형 등)로부터 위치정보를 파악하고, 수집된 정보를 통합/분석하여 보호자에게 피보호자의 위치를 알려주는 서비스이다.

마지막으로 본 서는 아직 초판인 만큼 향후 수정해야 할 부분이나 부족한 부분이 많이 있을 줄로 사료된다. 이 책에 관해서 수정 할 부분이나 의견이 있으면 저자들의 이메일 (win4class@hanmail.net, mdchung@pknu.ac.kr)로 보내주시면 개정판에서는 수정할 것을 약속드린다. 이 책이 나오기까지 수고하신 부경대학교 출판부 관계자 여러분들에게 감사를 드린다.

2012년 2월

저자 일동

목차

머리글 3

1. RFID 기술

1.1 RFID 기술의 개요 10

1.2 RFID 기술의 특징 11

1.2.1 RFID 기술의 특장점 11

1.2.2 RFID 시스템 구성 및 종류 13

1.3 RFID 세부 기술 17

1.3.1 RFID 리더기 17

1.3.2 RFID 태그 20

1.3.3 RFID 안테나 23

1.3.4 EPCglobal 네트워크 26

1.3.5 EPC 코드 37

1.3.6 EPCIS (EPC Information Service) 42

1.3.7 ONS (Object Name Service) 45

1.3.8 RFID 미들웨어 49

1.3.9 ALE (Application Level Event) 54

1.3.10 RFID 보안 61

1.4 RFID 표준화 65
1.4.1 EPCglobal 네트워크 표준화 동향 66
1.4.2 Gen2 표준 67
1.4.3 RFID 미들웨어 표준화 69

1.5 RFID 사업화 73

2. USN 기술

2.1 USN 기술의 개요 78

2.2 USN 기술의 특징 79

2.3 USN 세부 기술 80
2.3.1 센서 및 센서 노드 80
2.3.2 센서 노드 하드웨어 83
2.3.3 센서 네트워크 통신 기술 84
2.3.4센서 네트워크 라우팅 프로토콜 85
2.3.5 USN 미들웨어 86

2.4 USN 표준화 89

2.5 USN 사업화 91
2.5.1 미국 91
2.5.2 일본 92
2.5.3 국내 93

3. RTLS 기술
3.1 RTLS 기술의 개요 104
3.2 RTLS 기술의 특징 106
3.3 RTLS 세부 기술 110
3.3.1 위치 정보 수집 및 계산 110
3.3.2 RTLS 소프트웨어 114
3.3.3 RTLS 하드웨어 117
3.4 RTLS 표준화 121
3.5 RTLS 사업화 124
3.5.1 해운대 미아찾기 서비스 124
3.5.2 기타 RTLS 서비스 131

4. 기타 관련 기술
4.1 IoT (Internet of Things) 기술 138
4.2 클라우드 (Cloud Computing) 컴퓨팅 141
4.3 SaaS (Software as a Service) 기술 144
4.4 Mesh 네트워크 기술 148
4.5 지그비 (ZigBee) 기술 151
4.6 블루투스 (Bluetooth) 기술 155
4.7 BCP (Business Continuity Plan) 158
4.8 재해 복구 시스템 (Disaster Recovery System) 기술 162
4.9 ITS (Intelligent Transportation System) 기술 165
4.10 CAN (Controller Area Network) 기술 168

참고자료 171

01

RFID 기술

1.1 RFID 기술의 개요

RFID (Radio Frequency Identification)는 신원확인 주파수 수신기, 판독기, RF태그, 안테나를 통하여 사람, 상품 등을 비 접촉으로 인식해 태그에 기록된 정보를 판독하거나 기록하는 무선주파수 인식기술이다.

자동인식기술 (Automatic Identification)의 하나로서 바코드 및 스마트카드와 유사한 기능을 수행한다. 그러나 원거리에서 인식이 가능하고, 충돌방지기능이 있어 동시에 여러 개를 인식할 수 있다는 기술적 장점 때문에 바코드에 비해 활용범위가 넓고, 월등히 많은 정보를 축적할 수 있다.

RFID가 소개된 것은 20여 년 전이지만 그 동안 비용과 기술 등의 문제로 상용화되지 못하다 최근 관련 기술의 발달로 보편적 상용화를 목전에 두고 있다.

특히, 유통산업 분야에서는 혁신적인 재고관리와 계산시간의 단축, 로스율 절감 등으로 월마트를 비롯한 유수의 유통기업이 시스템 개발에 동참하고 있는 상황이다.

1.2 RFID 기술의 특징

1.2.1 RFID 기술의 특장점

그림 1-1. RFID 기술의 특장점

- **RFID의 기술적인 특징**

(1) 감지거리가 길다.

수cm(저주파)~100m(고주파) 안팎까지 감지가 가능하다.

(2) 내환경성이 우수하여 수명이 길다.

고객이 Reader에 삽입하거나 기계적인 접촉이 없기 때문에 손상이나 먼지, 습기, 온도, 눈, 비 등의 악조건 하에서도 에러율이 낮다.

(3) 비금속 재료를 통과할 수 있다는 장점이 있다.

유리, 섬유, 목재를 통과해 정보를 전달하기 때문에 인식율이 높다.

(4) 인식시간이 0.01~0.1sec에 불과하다.

고속도로 톨게이트, 주차장 등에 무정차 통행료 징수가 가능하다.

(5) 주파수 특성 문제 및 가격적인 부담이 발생한다.

주파수 특성상 액체를 투과하기 힘들고, 가격이 바코드에 비해 비싸다.

■ **RFID와 바코드 기술의 비교**

RFID	Bar Code
읽기와 쓰기가 가능	읽기만 가능
도난방지기능의 오작동률이 낮음	도난방지기능의 오작동률이 높음
동시에 여러 개 아이템이 처리 가능	아이템을 하나씩 처리
온도/물리적/화학적인 요소에 유연함	환경적인 제약이 있음
저장 능력이 2의 128승 이상 가능 (Bar code에 비해 6천배 저장 능력)	저장 능력이 2의 7승
동일 상품에 개별 ID	동일 상품에 동일 ID
예) 산지에서 8월 31일 오후 6시에 출하되어, 9월 1일 오전 7시에 가공센터로부터 출고되었으며, 오후 10시에 매장에 입고되어, A33번 선반에 진열된 10개중 7번째 사과	예) 농협에서 납품받은 사과

※ 바코드(bar code)

컴퓨터가 읽고 입력하기 쉬운 형태로 만들기 위해, 문자나 숫자를 흑과 백의 막대와 조합한 코드

1.2.2 RFID 시스템 구성 및 종류

■ **RFID 시스템 구성도**

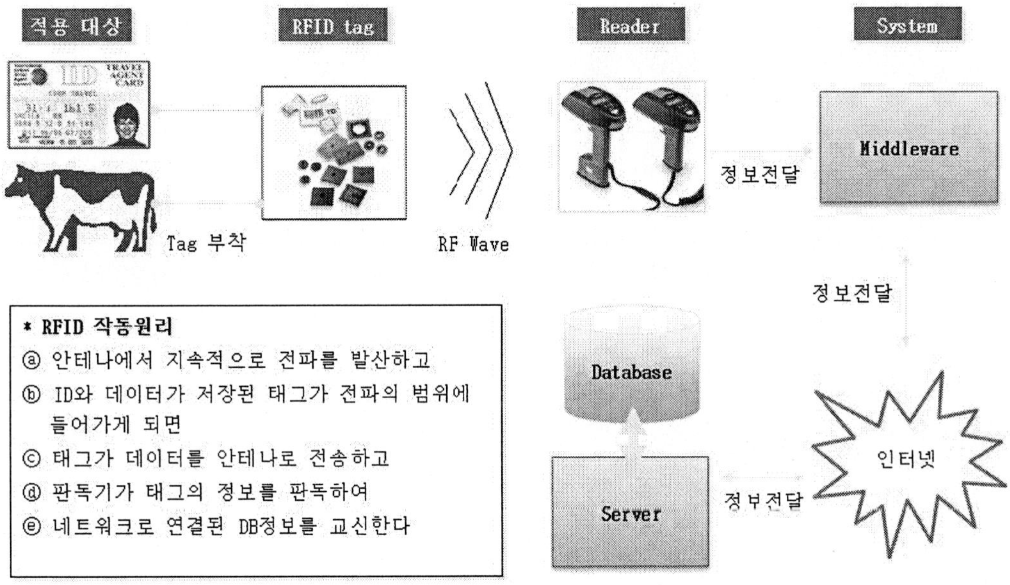

그림 1-2. RFID 시스템 구성

■ **RFID 태그**

(1) 상품에 부착되어 ID와 데이터를 가지고 다니는 역할을 수행한다.

(2) 능동형(건전지 내장)과 수동형(리더기로부터 전력을 얻음) 태그로 구분한다.

(3) 읽기만 가능한 태그와 읽기/쓰기가 가능한 태그로 구분한다.

(4) 내장 칩의 저장용량, 인식거리 등에 따라서 가격이 천차만별이다.

	Active RFID (능동식)	Passive RFID (수동식)
특징	태그에서 자체 RF 신호 송신 가능 배터리에서 전원 공급	리더기의 신호를 변형 반사 리더기의 전파 신호로 전원공급
장점	장거리(5m이상) 전송 가능 센서와 결합 가능	배터리가 없으므로 저가격 구현가능 배터리 교체비용 절감
단점	배터리에 의한 가격 상승 동작 시간 제한	장거리 전송 제한 센서 등의 모듈 추가 제한
적용분야	환경 감시, 군수, 의료, 과학 분야	물류관리, 교통, 보안, 전자상거래 등

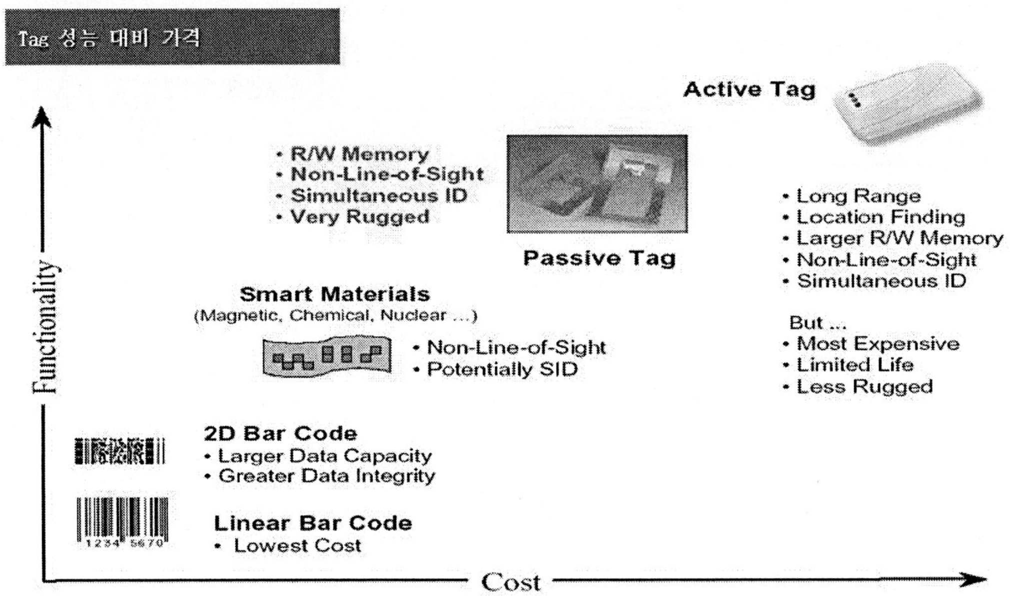

그림 1-3. RFID 태그 성능 대비 가격

주파수 대역별 특징

대역명	LF (저주파)	HF (고주파)	UHF (극초단파)		Microwave (마이크로파)
주파수	125KHz	13.56MHz	433.92MHz	860-960MHz	2.45 GHz & 5.8 GHz
인식거리	~ 0.5m	~ 1m	1m ~ 3m	3.5 ~ 10m (수동)	~ 1m (수동)
가격	High (Antenna)	Medium	Low		High
특성	환경에 의한 성능 저하가 거의 없음	짧은 인식거리와 다중태그 인식이 필요한 분야에 적합	실시간 추적 및 컨테이너 내부습도, 충격 등 환경 센싱	다중태그 및 인식거리와 성능이 가장 우수	환경에 대한 영향을 가장 많이 받음
Tag 타입	Passive	Passive	Active/Passive tags		Active/Passive tags
적용 분야	▪공장 자동화 ▪출입통제/보안 ▪동물관리	▪수화물 관리 ▪대여물품 관리 ▪교통카드	▪컨테이너 관리 ▪실시간 위치 추적	▪공급망 관리 ▪자동 통행료 징수	▪위조방지
인식 속도	느리다 ⟵⟶ 빠르다				
환경 영향	강인 ⟵⟶ 민감				
Tag 크기	크다 ⟵⟶ 작다				

그림 1-4. 주파수 대역별 특징

주파수 대역별 사용

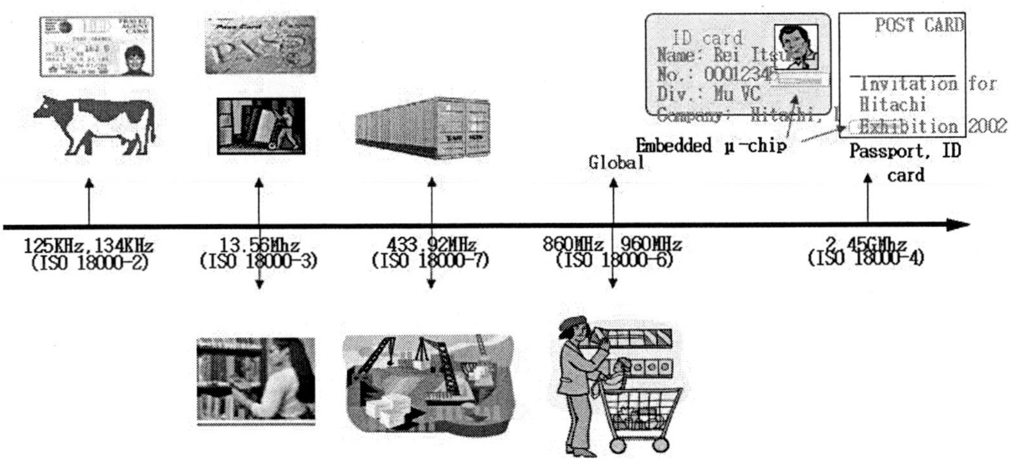

그림 1-5. 주파수 대역별 사용

■ **RFID 리더기**

(1) RFID 태그의 정보를 해독하여 네트워크를 통해 호스트 컴퓨터와 교신한다.

(2) 호스트 컴퓨터의 지시를 받아 RFID 태그에 정보를 기록한다.

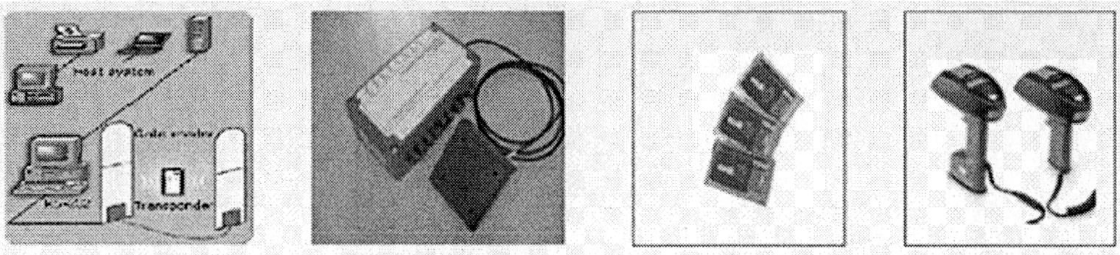

<낮은 주파수 대역의 Gate형> <거치형> (*Escort Memory Systems) <PC Card 형> <Handheld 형> (*Intermec)

그림 1-6. RFID 리더기 종류

■ **RFID 미들웨어**

(1) RFID 미들웨어는 RFID 리더기에서 계속적으로 발생하는 RFID 코드 데이터를 수집, 제어, 관리하는 기능을 하며, 모든 구성 요소와 연결되어 계층적으로 조직화되고 분산된 구조의 미들웨어 네트워크를 구성하여 서로 통신한다.

(2) RFID 미들웨어는 다양한 형태의 리더 인터페이스, 다양한 코드 및 망 연동, 여러 가지 응용 플랫폼에 대해서도 운용성을 보장한다.

1.3 RFID 세부 기술

1.3.1 RFID 리더기

(1) 태그와 정보 송/수신을 수행하며 RFID 태그에서 수집된 정보를 관리 시스템으로 전송한다.

(2) 안테나, 제어장치, RF장치, 통신 장치로 구성한다.

(3) 응용 프로그램을 수행하는 PC 혹은 기타 단말기와 Serial(RS232-C, RS422 등) 혹은 랜 통신(TCP/IP)으로 연결되며, RFID 신호를 인코딩/디코딩하는 역할을 수행한다.

(4) 일반 리더와 핸드헬드(hand held)형 리더, 그리고 복합기형 리더로 크게 구분한다.

- ▶ 핸드헬드형 리더: 안테나가 포함된 일체형이 일반적이다.
- ▶ 복합기형 리더: 단말기 또는 PDA나 휴대폰에 리더와 안테나가 내장되거나 탈·부착할 수 있는 리더이다.

※ RFID 리더기는 송신부(Transmitter), 수신부(Receiver), 프로세스부(Processor)로 구성한다.

- 송신부(Transmitter): 태그에 전달할 고주파 신호를 발생하는 발진기, 전력증폭기, 변조기
- 수신부(Receiver): 태그로부터 오는 약한 신호를 증폭하는 증폭기, 변조된 신호에서 정보를 추출하는 복조기
- 프로세스부(Processor): 미들웨어 시스템과의 통신, 리더의 OS, 리더 기능 제어, 리더의 메모리 제어

■ **RFID 장비 소개**

제조사 (장비명)	사진	스펙
Matrics		Frequency : 902-928 MHz Channels : 4 Transmit/4 Receive RF Connectors : 1.0/2.3 DIN Jack
Alien (ALR- 9780)		Frequency: 902-928 MHz ISM band Specification: EPC Class 1 Antennas: 4-ports, 50 Ohm, reverse TNC connector
SAMsys (MP9320)	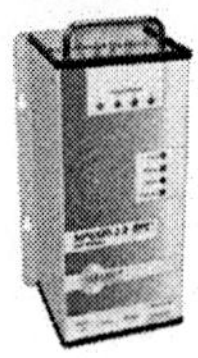	Frequency: 902-928 MHz. (100 KHz. steps) 869.525 MHz. single frequency Specification: EPC Class 1 Antennas: 4-ports
AWID (MPR- 2010BN)		Frequency: 902-928 MHz, Frequency Hopping, Unlicensed RF Power: 1.0 Watt (+30 dBm), with 10 dB digital control range Protocol: EPC C1, C0, ISO-18000-6-B, EM and Upgradeable to EPC C1G2 Multi-tag Read: Protocol dependent
SIRIT (Infinity-210)		Frequency: UHF, 902 - 928 MHz Supported Transponders: EPCglobal Class 0, Writable Class 0/ 0+,EPCglobal Class 1, EPCglobal UHF Generation 2

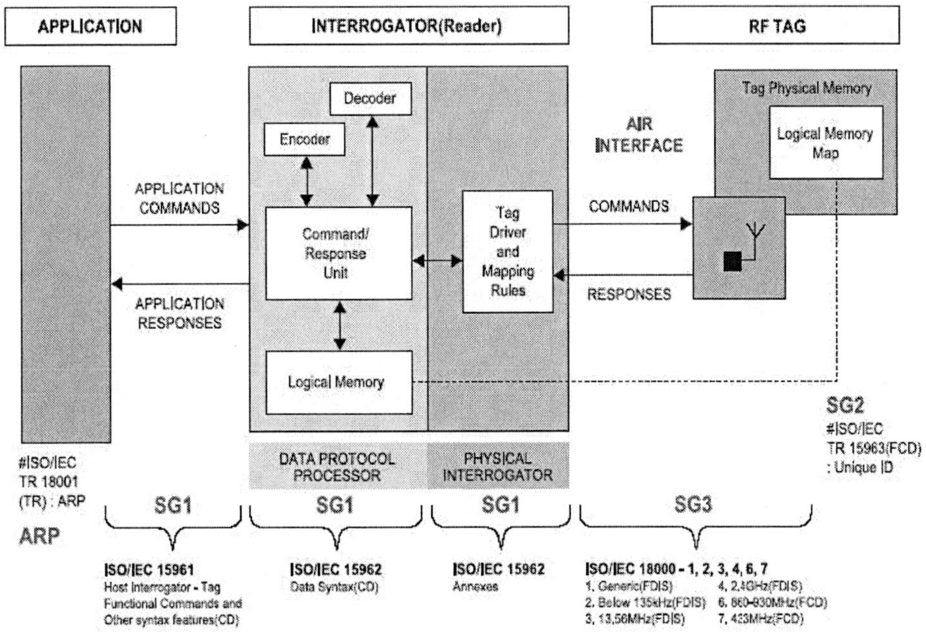

그림 1-7. RFID 리더기 표준

■ **RFID 리더와 태그의 통신**

(1) 리더기가 태그로 전파를 송신하면 태그는 수신 전파로부터 에너지를 얻어서 활성화한다.

(2) 활성화된 태그는 자신의 정보를 전파에 실어서 리더기로 송신한다.

(3) 태그가 송신할 수 있는 전파의 에너지원을 얻는 방법에 따라 수동형과 능동형으로 구분한다.

- ▶ 수동형(Passive): 리더기로부터 수신되는 전파에서 송신 에너지를 얻는다.
- ▶ 능동형(Active): 별도의 배터리에서 송신 에너지를 얻는다.

※ 반 수동형(Semi-Passive)는 태그 내에 배터리는 존재 하지만, 동작은 수동형 태그와 같이 후방 산란 변조 방식을 이용하기 때문에, 전력 소모가 능동형에 비하여 훨씬 적어 수명이 길지만, 리더-태그의 통신 거리는 능동형 보다 짧다

1.3.2 RFID 태그

(1) RFID Tag는 기본적으로 상품코드인 EPC가 기록된 라벨형태의 RFID IC 칩과 전파를 송수신하는 안테나로 구성한다.

(2) 메모리가 1bit인 태그부터 수 Kbit까지 태그 등 제조사에서 자유롭게 만들 수 있다.

(3) 많은 정보를 태그에 기록하면 좋을 수도 있지만 태그 가격이 높아지기 때문에 태그에는 식별 번호만 기록하고 그 회사 또는 기관의 정보 시스템에 그 식별번호를 key로 하여 필요한 정보를 기록 유지하는 것을 권장한다.

(4) Auto-ID 센터는 "Class 0", "Class 1 Generation 1" 태그의 프로토콜을 개발했으며 "Class 1 Generation 2" 스펙은 EPCglobal에서 개발하였다.

(5) "Class 0"은 ISO 18000-6A, "Class 1 Gen 2"는 ISO 18000-6B에 대응된다. 하지만 "Class 1 Gen 2"는 ISO 18000-6C의 표준으로 채택되었다. "Class 1 Gen 2"는 이전 두 클래스 규격의 장점을 취합하여 하나의 리더에서 "Class 0" 및 "Class 1"의 태그를 모두 읽을 수 있다.

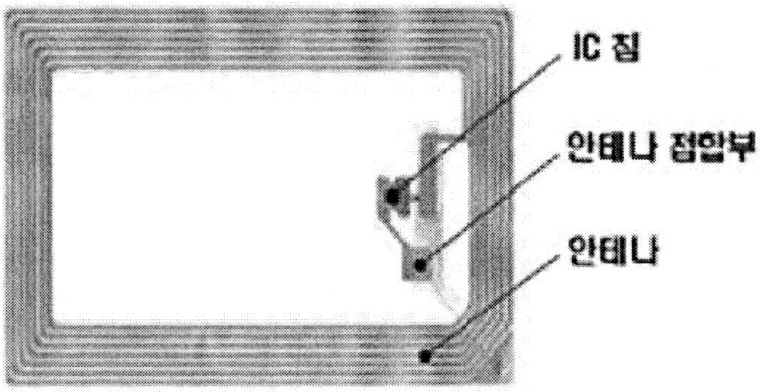

그림 1-8. RFID 태그 내부 구성도

▸ **EPC Class 0 (Matrics)**

그림 1-9. EPC Class 0 태그

▸ **EPC Class 1 (Alien)**

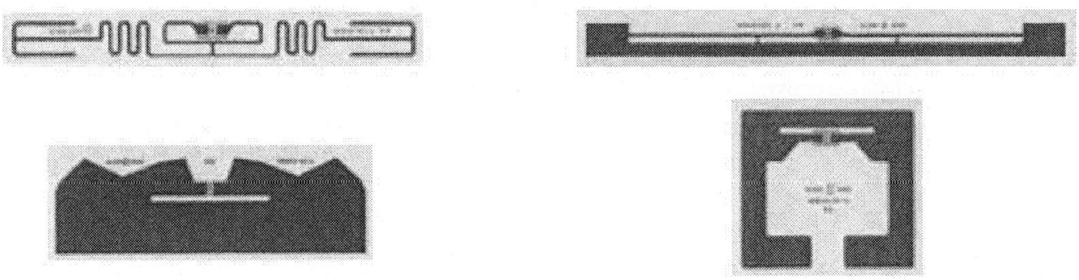

그림 1-10. EPC Class 1 태그

▸ **ISO 18000-6B (AWID)**

그림 1-11. ISO 18000-6B 태그

▸ ISO 18000-6C

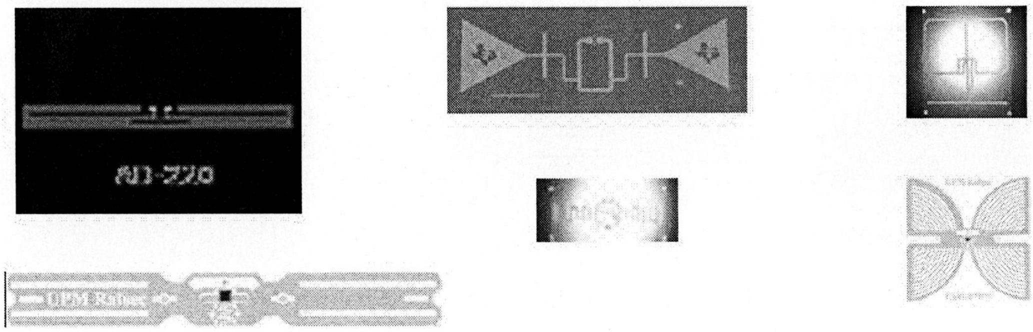

그림 1-12. ISO 18000-6C 태그

■ **RFID 태그 구성**

(1) Demodulator: PWM (pulse width modulation) 방식

(2) RF-DC Rectifier: RF를 DC로 전환해주는 정류기

(3) Modulator: PSK backscatter 방식

(4) Control Logic

(5) Memory: TAG ID (64 bit, 96bit), 최대(2048bit)

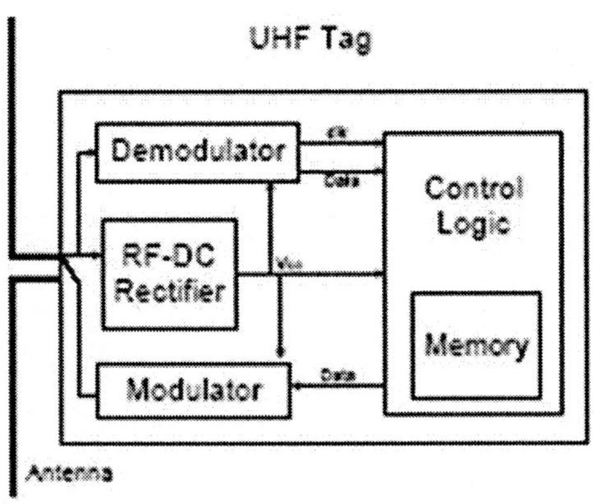

그림 1-13. RFID 태그 구성

1.3.3 RFID 안테나

(1) 안테나는 RFID 리더기에서 보내온 신호를 공간으로 방사하는 역할 및 RFID 태그에서 보내온 시그널을 수신하여 RFID 리더기로 보내는 역할을 수행한다.

(2) 일반적으로 저주파 및 고주파용 안테나는 원형 코일 혹은 원형형태의 동박에 칭 패턴으로 제작되며 초고주파 및 마이크로파의 안테나는 일반적으로 특정한 판넬 모양의 동박 패치의 TX/RX 부로 나누어 제작된다.

■ **RFID 안테나 개요**

전압/전류로 표현되는 전기적 신호와 전기장/자기장으로 표현되는 전자기파를 서로 변환해주는 역할을 수행한다.

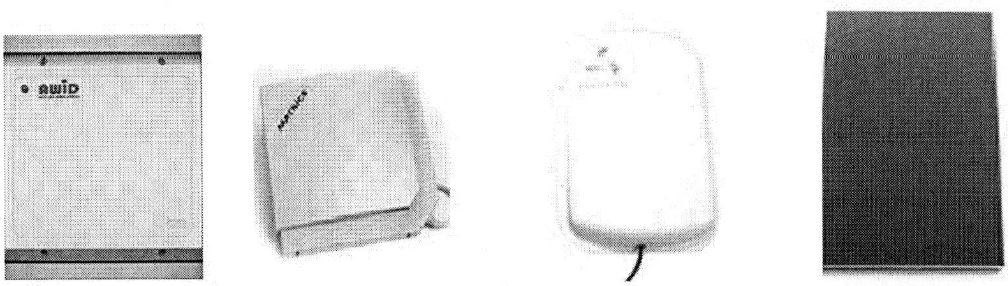

그림 1-14. RFID 안테나

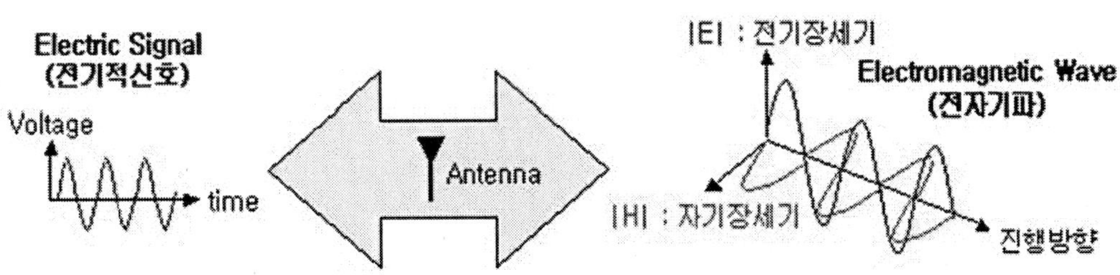

그림 1-15. RFID 안테나 구성

■ **안테나의 이득** (Antenna Gain)

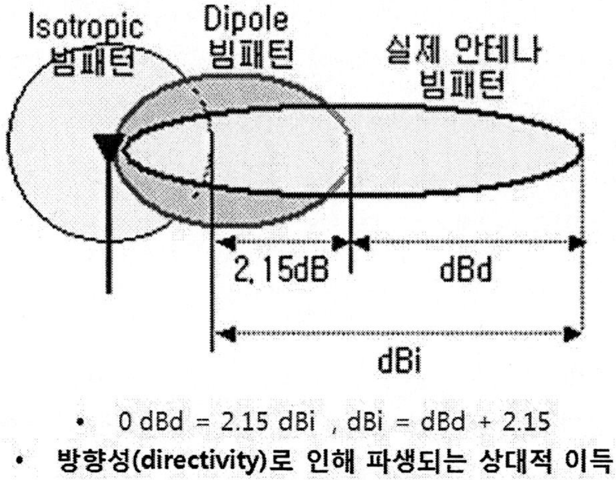

그림 1-16. RFID 안테나 이득(1)

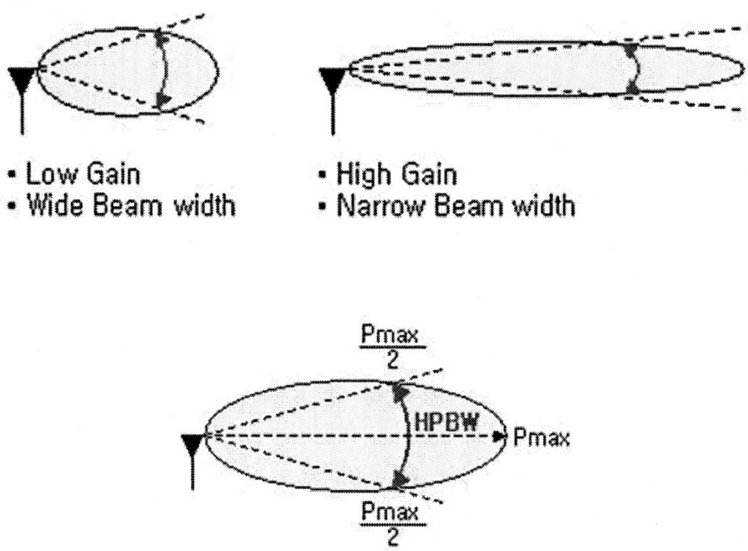

그림 1-17. RFID 안테나 이득(2)

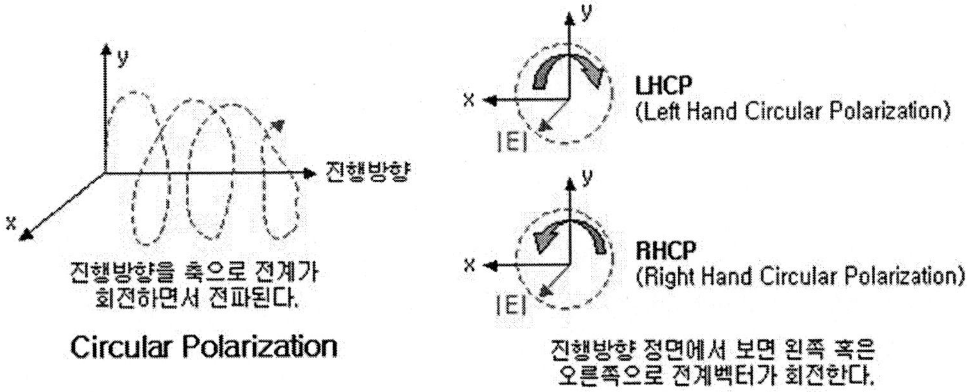

그림 1-18. RFID 안테나 이득(3)

■ **RFID 패치 안테나**

RFID 패치 안테나를 이용하여 쉽고 다양하게 구현할 수 있는데, 원형편파를 생성하는 대표적인 패치 안테나 형상들의 예를 나타낸다.

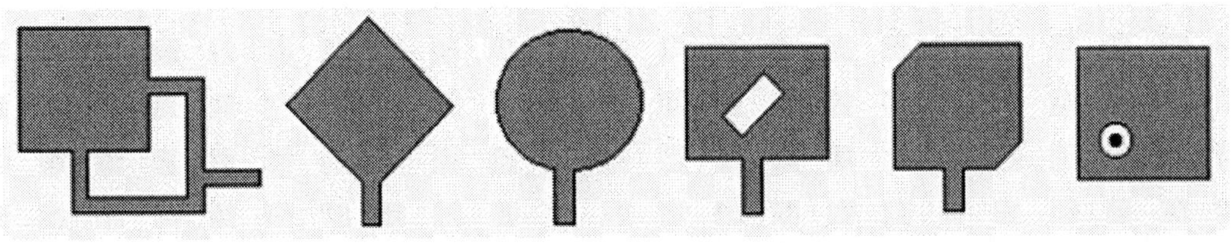

그림 1-19. RFID 패치 안테나

1.3.4 EPCglobal 네트워크

국제 상품 바코드 관리 기구인 EAN 인터내셔널과 바코드 원조격인 UPC 표준을 보급해 온 미국의 UCC가 총 800만 달러를 출자해 구 "MIT Auto ID 센터"를 흡수해 설립한 비영리 기구로서 EPC 코드의 보급과 EPC 시스템의 표준화, 코드관리 등을 담당하고 있다.

국제표준화기구 (ISO)의 표준화 회의에서 전파식별 (RFID) 태그의 글로벌 표준 (EPC C1 Gen2)을 확정하였다.

※ Auto-ID Labs.
세계 유명대학에 설치된 7개의 Auto-ID Labs으로 구성되어 RFID 관련 세계 최고 수준의 연구기관으로서, RFID 분야의 기술개발과 표준화를 주도하고 있다.
우리나라는 ICU (한국정보통신대학교, 현 KAIST)가 7번째로 Auto-ID Lab을 유치하였다.

EPCglobal 네트워크는 표준 개발 및 보급을 총괄하는 비영리 국제기구이며, EPC 코드와 RFID 기술을 근간으로 한다.

제품에 고유한 일련번호를 부여하고 정보를 저장할 수 있는 데이터베이스와 연동시켜 공급자/수요자 및 소비자가 제품의 가격, 제조업체, 제품의 위치정보까지 알 수 있게 하는 시스템이다.

상품 정보 교환에 표준 프레임워크를 이용함으로써 공급 체인의 가시성을 향상시켜 상품 이동의 자동화, 추적성 및 보안기능을 강화한다.

기업은 EPCglobal 네트워크를 활용함으로써 상품 이동 정보를 실시간으로 파악 가능하여, 상품 손실의 최소화, 주문의 신속한 처리, 소비자 기호 변화에 따른 대응능력을 향상시킨다. 뿐만 아니라, 컨테이너 및 케이스 등 물류 용기에서부터 단품까지 활용 가능하다.

일반 소비재 상품, 의료보건, 정부조달물자, 군수물자, 부품 등 다양한 산업에 적용 가능하다.

EPCglobal에서는 상품 한 개 한 개에 96bit의 EPC 코드를 부여하여 그 상품에 관한 생산 정보나 유통 이력 등을 인터넷을 통해 알 수 있도록 하는 것을 목표로 하는데, 96bit의 경우 1,600만 제조사 번호와 2억 7천만 상품번호 및 687억 개의 상품 시리얼 번호가 부여될 수 있도록 하고 있다.

- **EPCglobal 네트워크 개념도**

  RFID 기술을 이용하여 상품을 자동으로 식별하고 식별된 상품 정보를 인터넷을 통하여 거래업체들과 공유함으로써 국내외 상품 이동 현황을 실시간으로 추적 및 조회 할 수 있는 시스템이다.

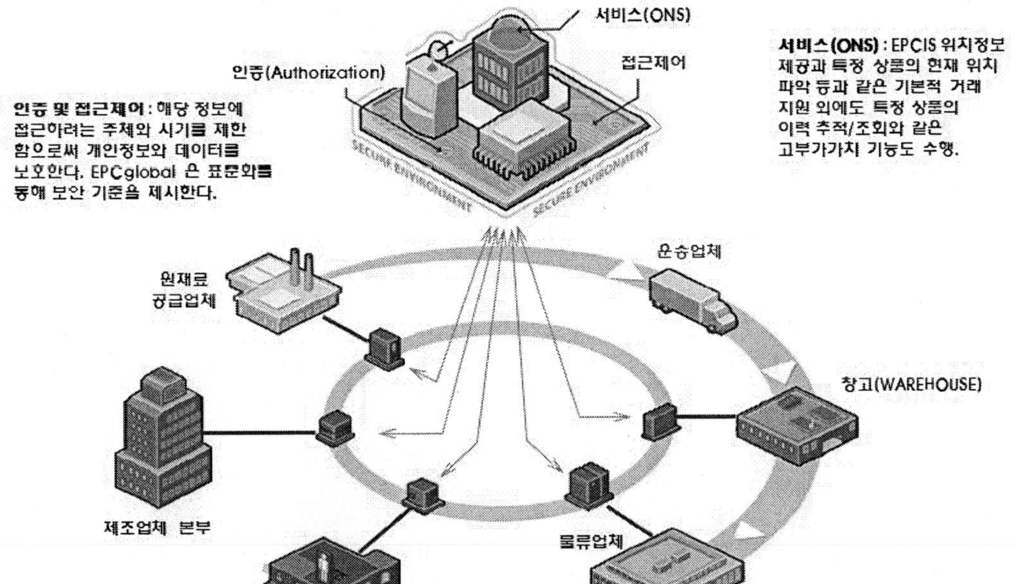

그림 1-20. EPCglobal 네트워크 개념도

■ EPCglobal 네트워크 구성

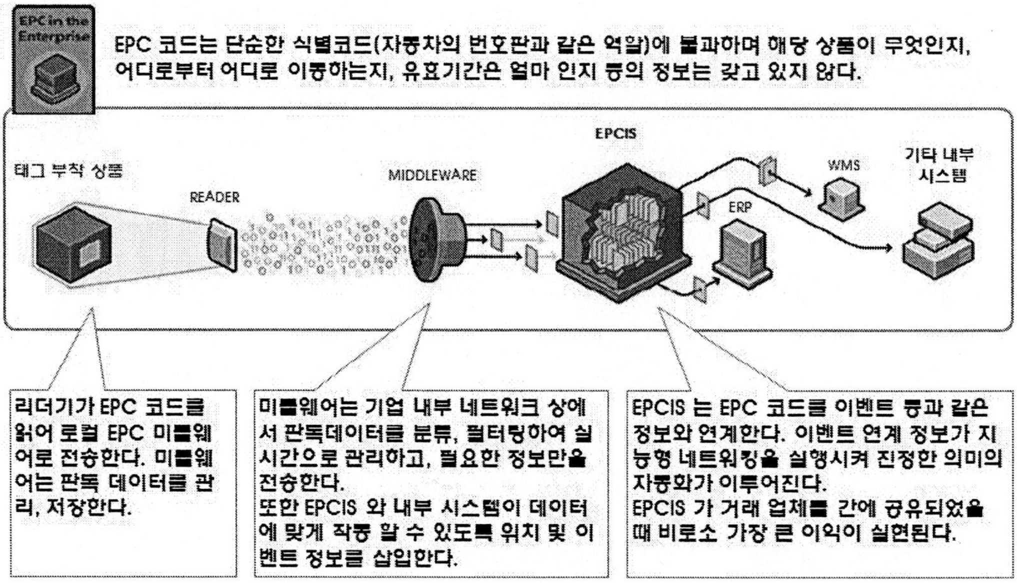

그림 1-21. EPCglobal 네트워크 구성요소(1)

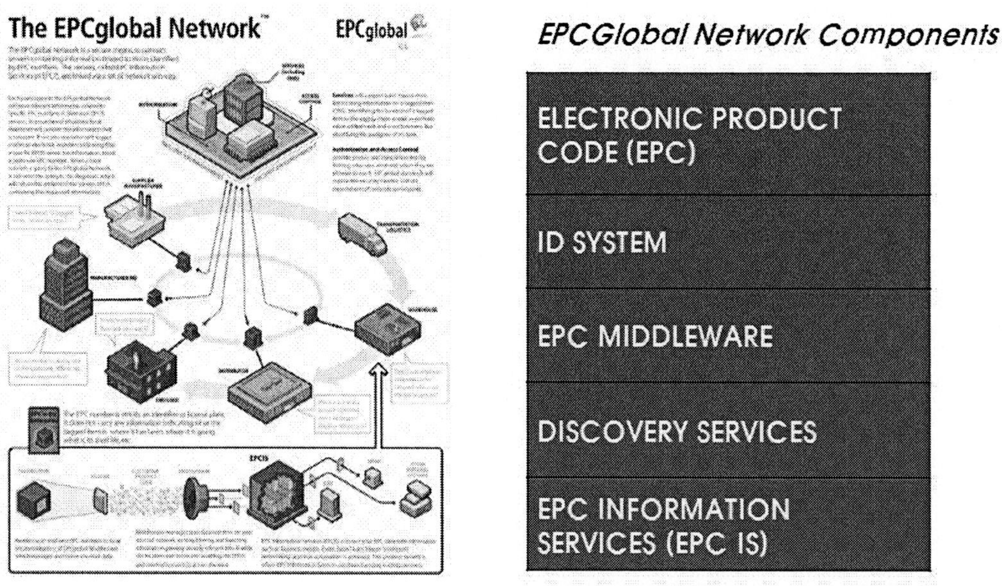

그림 1-22. EPCglobal 네트워크 구성요소(2)

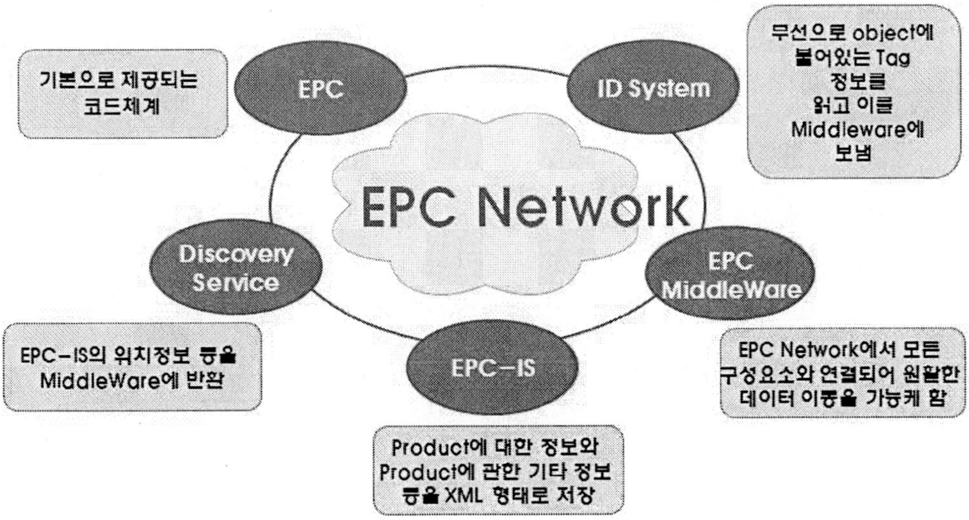

그림 1-23. EPCglobal 네트워크 구성요소(3)

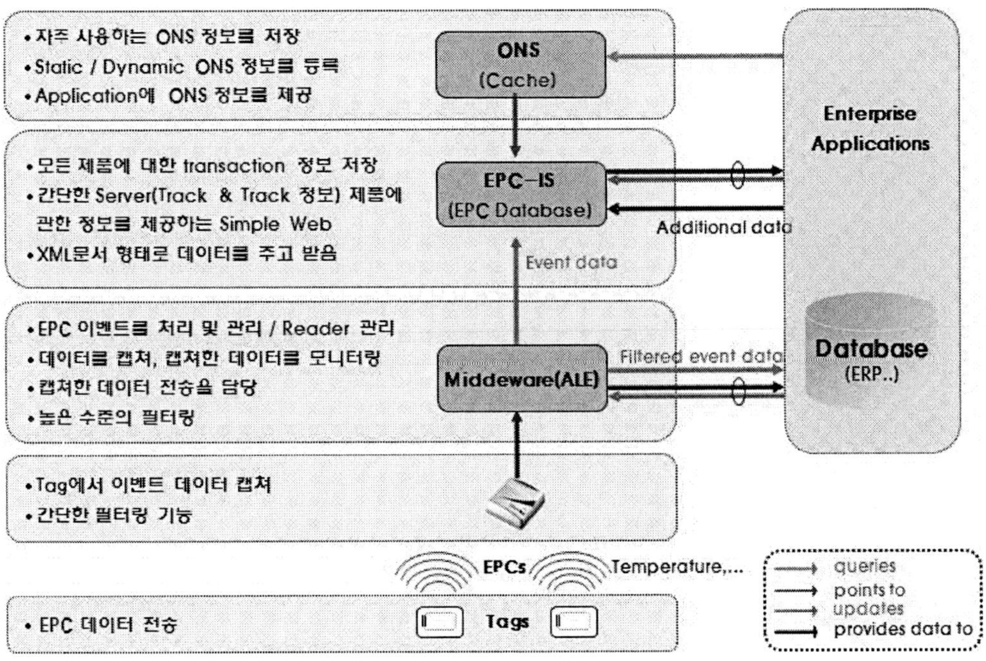

그림 1-24. EPCglobal 네트워크 구성요소(4)

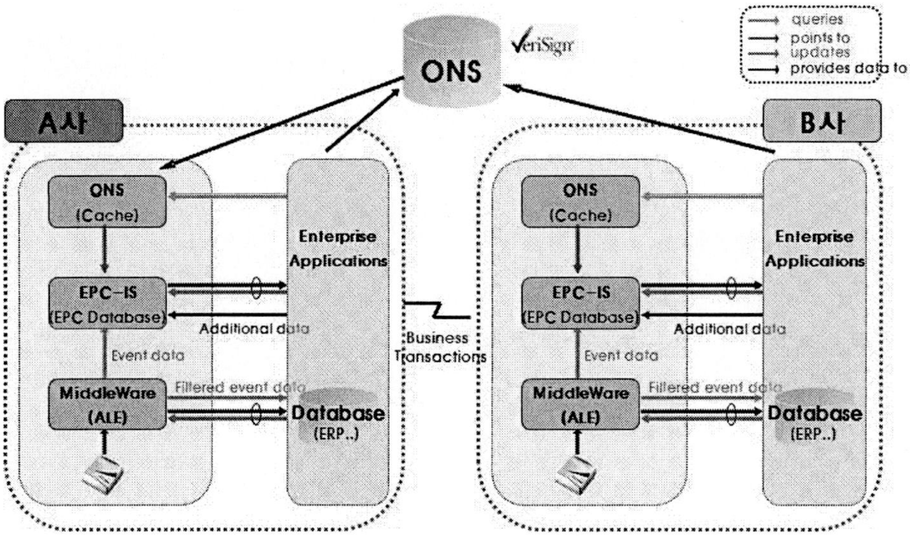

그림 1-25. EPCglobal 네트워크 구성요소(5)

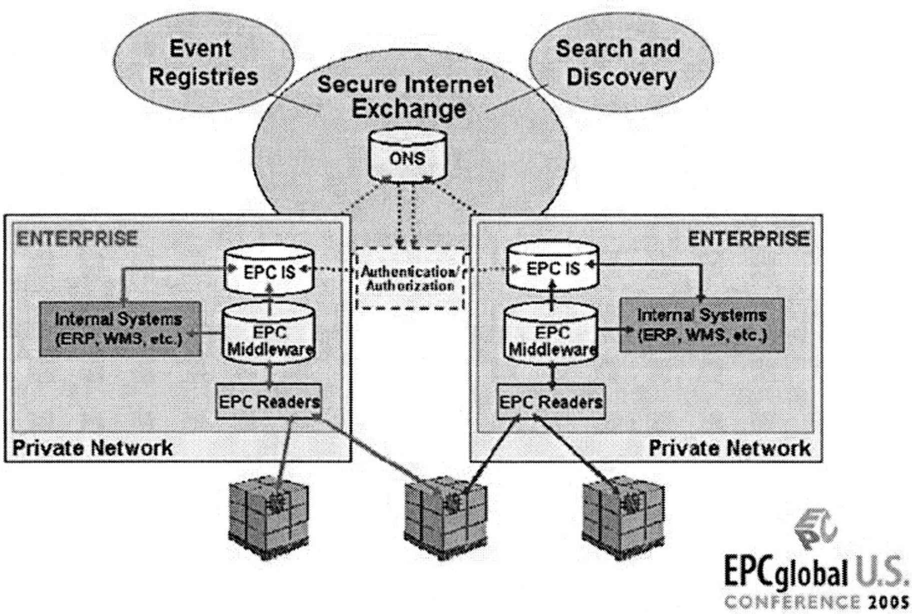

그림 1-26. EPCglobal 네트워크 구성요소(6)

■ **EPCglobal 네트워크 도입 효과**

공장	완제품 창고	물류 센터	판매점
• 정확한 재고 파악 (완제품 포함) • 회계 및 자재 부서에 정확한 출고 정보를 자동으로 집계	• 입고, 정리, 찾기 및 출고 작업 인력 절감 • 운송 과정에서의 소유 증명 • 역수송, 반송 및 클레임 감소 • 운송 및 결제 속도 개선 • 재고 감소로 서비스 향상	• 입고 및 결제 효율 제고 • 인건비 절감 • 오배송, 빈송품 감소 • 재고 감소	• 재고 감소 (예비 창고, 비인기 상품 감소) • 예비 창고 및 진열대에 있는 상품 파악 용이 • 도난 방지 • 상품 진열 확인 기능 및 품절 감소 (상품 보충 프로세스 개선) • 노동 생산성 향상 • 방어적 판매에서 벗어나 판매고 향상

■ **EPCglobal 네트워크 작동 원리**

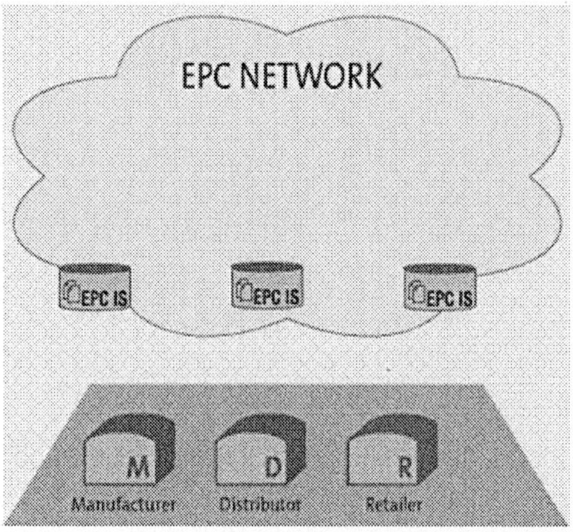	EPCglobal 네트워크는 RFID 기술을 이용하여 상품을 자동으로 식별하고 식별된 상품 정보를 인터넷을 통하여 거래업체들과 공유함으로써 국내외 상품 이동 현황을 실시간 추적 조회할 수 있는 시스템임.
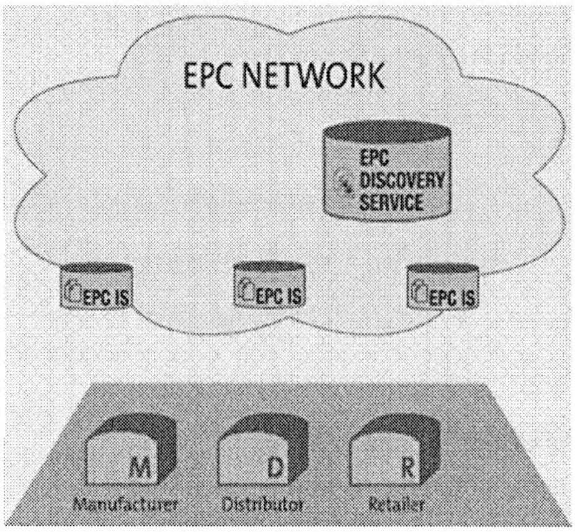	사용자가 특정 EPC 코드에 대한 데이터를 찾아 그 데이터에 대한 접속 승인을 요청할 수 있도록 지원하는 종합 서비스를 의미하며, ONS는 디스커버리 서비스의 일부임.
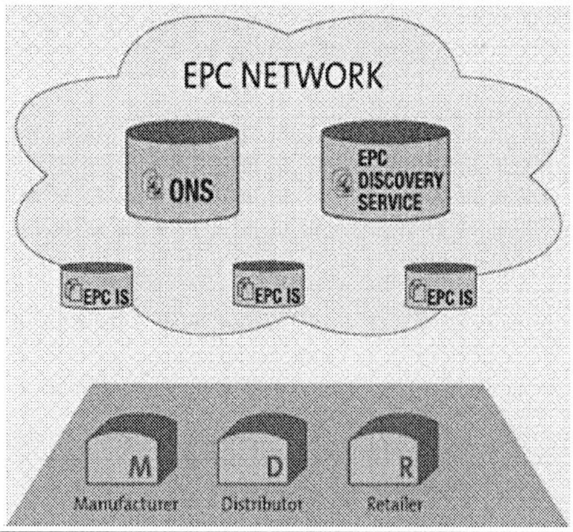	ONS는 디스커버리 서비스의 일부이며, 웹의 DNS 서비스와 비슷한 개념을 가지고 있다. EPC 코드를 질의 받아 실제 그 회사의 EPCIS 위치를 알려준다.

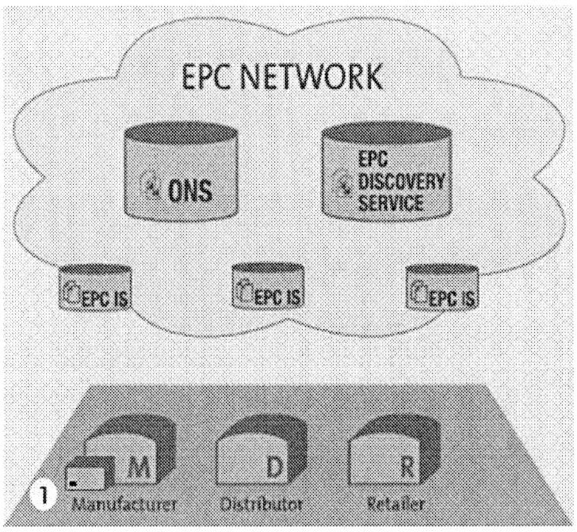	1. 제조업체: 상품에 EPC 태그를 부착한다.
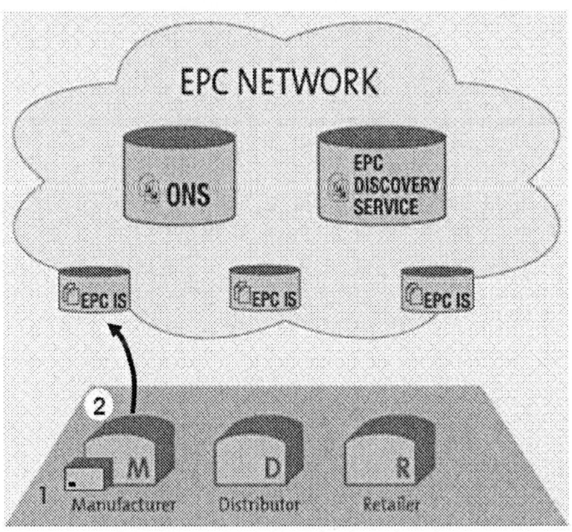	2. 제조업체: 상품정보 (제조일자, 유효기간, 위치 등)를 EPCIS에 기록한다.
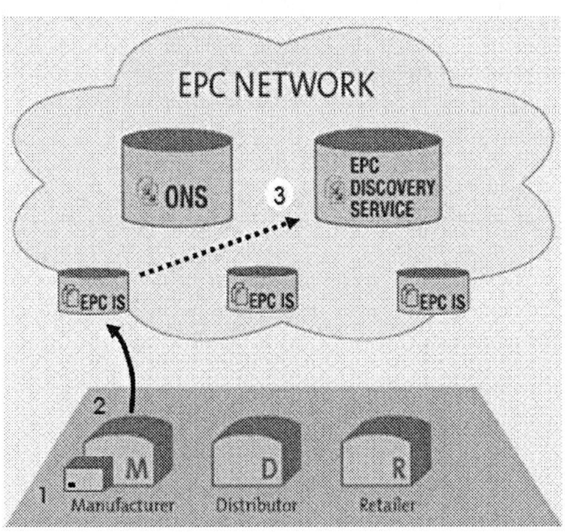	3. 제조업체의 EPCIS: EPC 디스커버리 서비스에 EPC 정보를 등록한다.

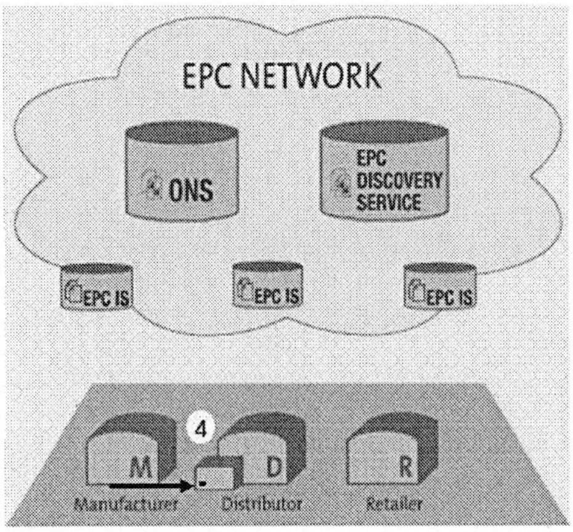	4. 제조업체: 상품을 유통 업체로 배송한다.
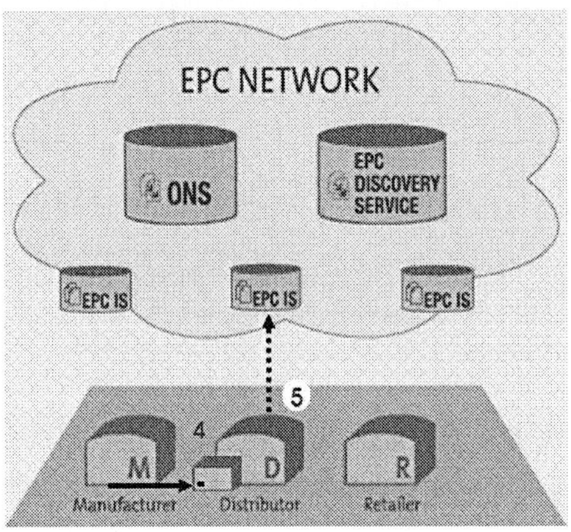	5. 유통업체: 상품 수령 내용을 EPCIS에 기록한다.
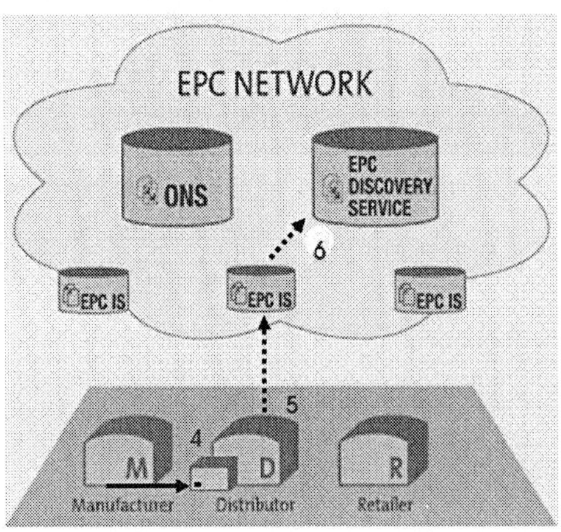	6. 유통업체의 EPCIS: 해당 상품정보를 디스커버리 서비스에 등록한다.

<table>
<tr>
<td>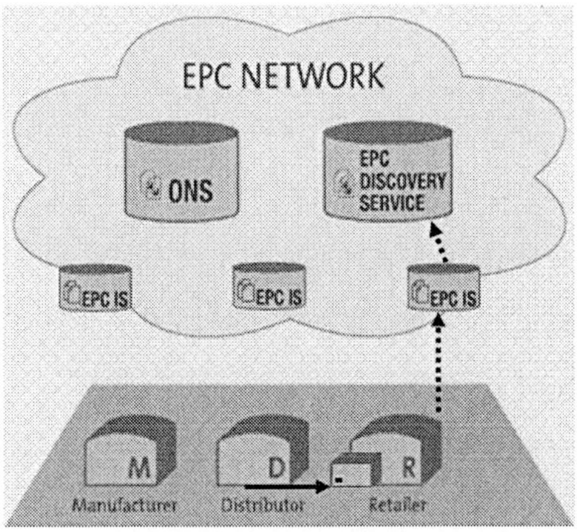
</td>
<td>7. 유통업체에서 소매상에게 배송 후 같은 작업이 일어남</td>
</tr>
<tr>
<td>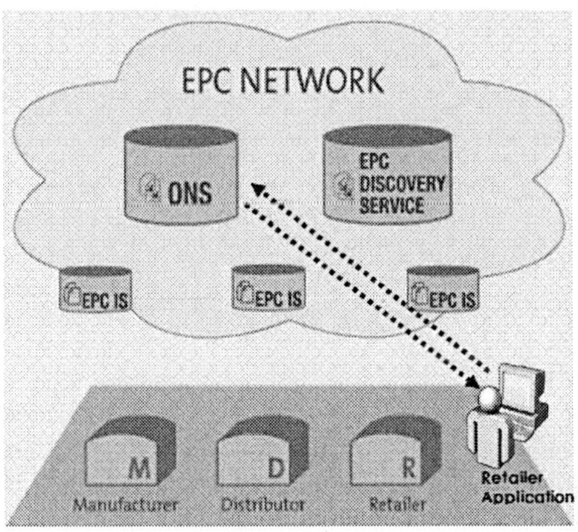
</td>
<td>8. 소매상: Root ONS에 조회하여 제조업체 로컬 ONS나 로컬 EPCIS 의 위치를 파악한다.</td>
</tr>
<tr>
<td>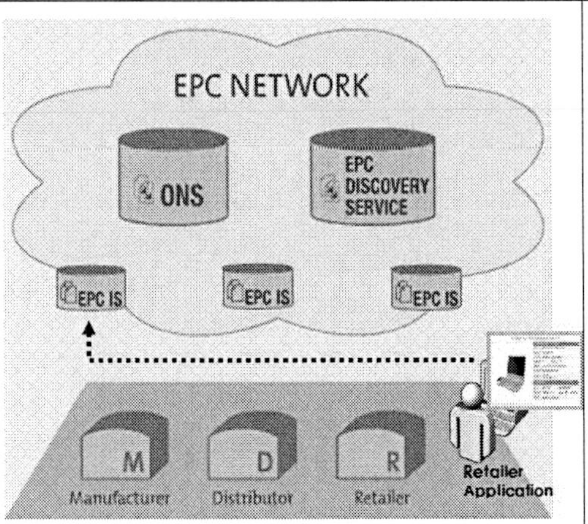
</td>
<td>9. 소매상: 상품에 대한 상세 정보를 그 회사의 EPCIS에서 정보를 제공 받아 볼 수 있다.</td>
</tr>
</table>

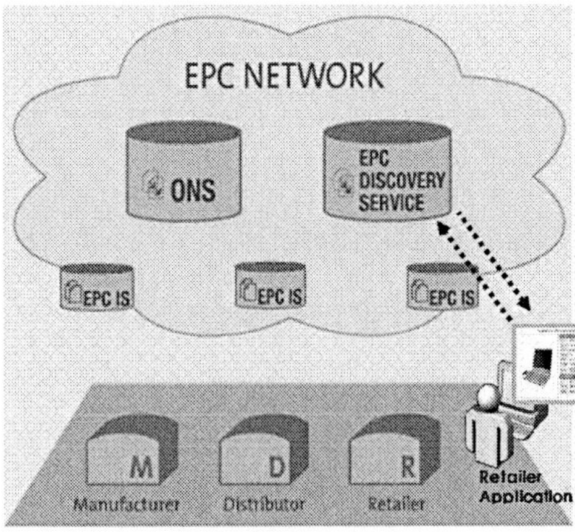	10. 소매상: 상품에 대한 Track & Trace를 하려면 디스커버리 서비스를 사용하여 유통과 생산정보를 가지고 있는 EPCIS의 모든 정보를 질의하여 응답을 받는다.
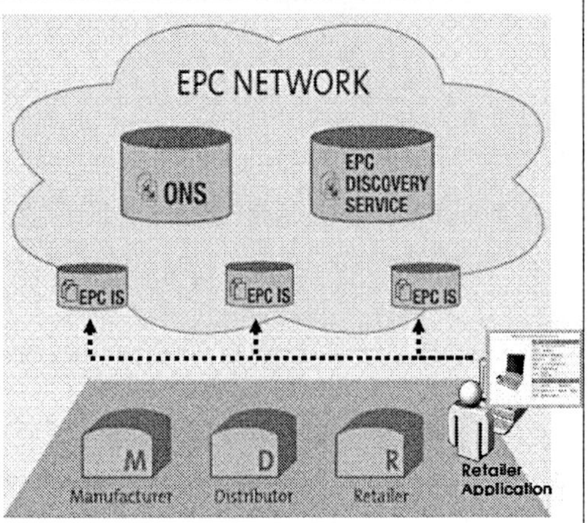	11. 소매상: 상품에 대한 상세 정보를 그 회사의 EPCIS에서 정보를 제공 받아 볼 수 있다.
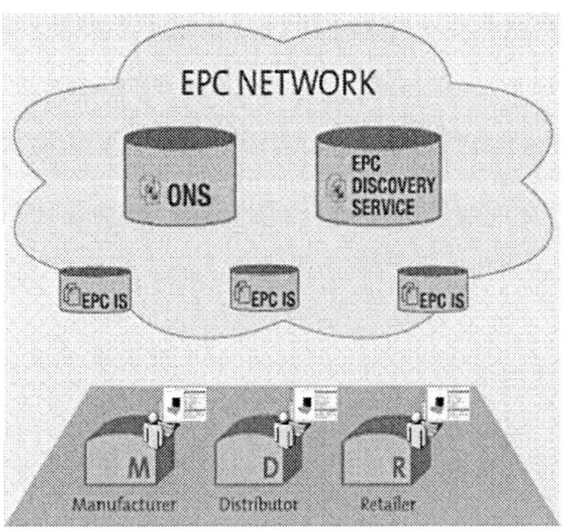	12. 모든 관계자들은 같은 데이터를 공유하게 되고 실시간 조회가 가능하여 진다. (Full history SCM 정보와 상품 상세정보)

1.3.5 EPC 코드

MIT Auto-ID center에서 개발된 코드체계로서 물리적 또는 가상적으로 존재하는 물품 또는 서비스에 대한 단일 식별을 가능하게 해주는 명칭 식별자이다. 버전관리를 위한 1개영역과 상품을 구별하기 위한 3개 영역, 총 4개 영역으로 구성한다.

바코드가 품목 단위의 식별에 한정 된 반면, EPC 코드는 동일 품목의 개별 상품까지 원거리에서 식별할 수 있다.

※ 상품구별을 위한 3개 영역: 영역관리자 (Domain Manager), 오브젝트 클레스 (Object Class), 일련번호 (Serial Number)

EPC 버전은 총 7종류가 존재하는데 비트열의 길이가 64비트, 96비트, 256비트, 512비트의 길이를 갖도록 정의한다.

■ **96 비트 EPC 코드 체계**

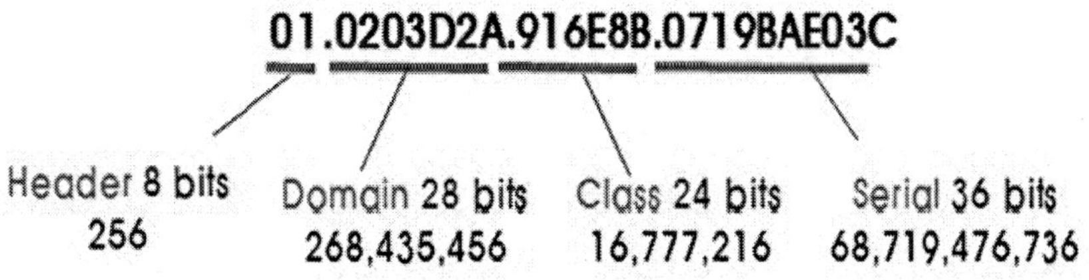

그림 1-27. EPC 코드 구성

▸ **헤더 (Header)**

헤더는 EPC 코드의 전체길이, 식별 코드 형식 및 필터 값을 정의한다.

헤더는 가변 길이 값을 가지는데, 현재 2비트와 8비트 값의 헤더가 정의되어있다.

2비트 헤더는 3개의 값을 가지며(01,10,11), 8비트 헤더는 63개의 값을 가진다.

헤더는 리더기로 하여금 태그의 길이를 쉽게 판단 할 수 있도록 돕는 기능을 수행한다.

▶ **업체 코드** (EPC Manager)

EAN 바코드의 업체코드에 해당하며 각국 EAN 회원 기관이 할당한다.

28비트의 용량으로 7개의 숫자(0~9) 및 문자(A~F)를 조합하여 약2억 6천만 개 업체 코드를 할당 할 수 있다.

▶ **상품코드** (Object Class)

바코드의 상품 품목 코드에 해당하며 사용 업체가 할당한다.

24비트의 용량으로 6개의 숫자와 문자를 조합하여 약 1천6백만개 상품에 코드를 부여 할 수 있다.

▶ **일련번호** (Serial Number)

동일 상품에 부여되는 고유한 식별번호로서 사용 업체가 할당한다.

36비트로 8개의 숫자와 문자를 조합하여 680억개의 상품에 코드를 부여할 수 있다.

■ **EPC 코드 특징**

(1) RFID 내에 저장되어 있는 일련의 코드 정보이다.

(2) 현재 존재하는 모든 사물이나 그 외의 다른 여러 가지에 각각의 고유한 일련 번호를 부여할 수 있을 만큼 데이터 용량의 범위가 크다.

(3) 인터넷상의 IP Address와 유사하다.

(4) 탄력적으로 설계 가능하다.

▶ 코드 용량 확충 가능: 유통물량의 증가에 대비, 용량의 확대가 가능하도록 설계한다.

▶ 바코드와 보완적으로 사용 가능: EPC는 현재 사용되고 있는 EAN.UCC 코드 체계를 수용하도록 고안되어 바코드의 기능을 보완한다,

▶ 다양한 산업에 적용 가능: 현재 산업체 따라 상이한 종류의 바코드가 사용되고 있다.

▶ EPC는 자동차, 운수, 출판, 유통 등 다양한 산업에서 채택 가능하다.

(5) 대용량 정보 저장이 가능하다.

▶ 98비트 용량의 EPC 코드는 전 세계 2.7억 개의 회사에 고유한 업체코드를 부여할 수 있고 각 업체는 1,600만개의 상품 그리고 각 상품 당 680억 개의 단품에 고유 코드를 부여 가능하다.

(6) 독특성 및 유일성을 가진다.

▶ EPC는 유일하게 식별하는 기능을 갖고 있어 사실상 모든 개체에 고유한 코드 부여 가능하다.

(7) 범용적으로 사용 가능하다.

▶ 추적의 대상이 되는 객체는 모두 EPC 코드 부여 대상이 되기 때문에 야생동물, 서류관리, 인력관리 등 다양한 분야에 적용 가능하다.

■ **EPC 코드 종류**

(1) GID (General Identifier-96)

▶ GID는 기존 코드체계와는 관계없이 새롭게 정의 된 96bit EPC 코드 체계이다.

	헤더 (Header)	업체코드 (EPC Manager)	상품코드 (Object Class)	일련번호 (Serial Number)
비트 수	8	28	24	39
용량	0011 0101	2^{28} = 268,435,456	2^{24} = 16,777,216	2^{39} = 78,719,476,736

(2) SGTIN (Serialized Global Trade Item Number)

▶ SGTIN은 이미 사용 중인 EAN.UCC 표준 코드를 그대로 사용하면서 동시에 일련번호를 부가할 수 있도록 고안된 EPC 코드체계이며, SGTIN-64와 SGTIN-96, SGTIN-198이 정의되어 있다.

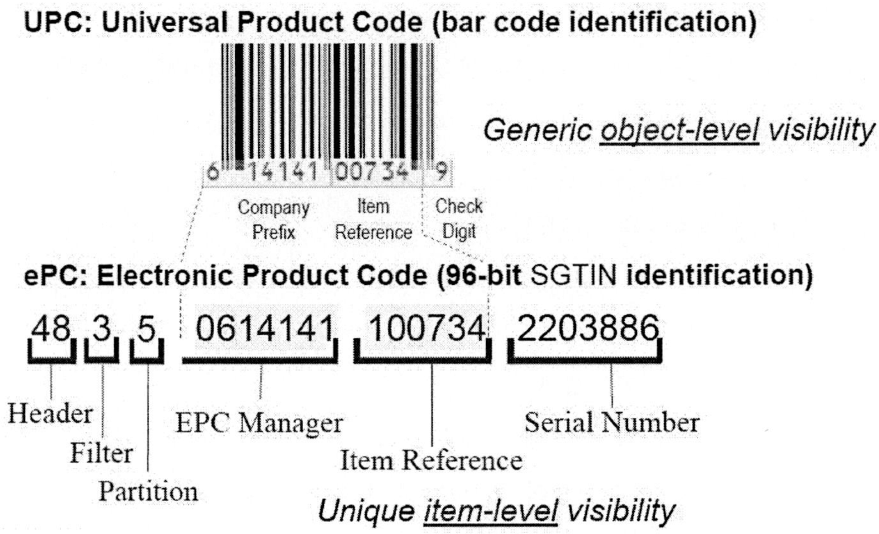

그림 1-28. SGTIN 구조

(3) SSCC (Serial Shipping Container Code)

▸ SSCC는 컨테이너의 식별에 사용되는 18자리 코드이며, EAN.UCC 바코드에서 사용되는 것을 EPC 태그에 그대로 입력하여 사용 가능하다.

※ SSCC가 EDI와 연계되어 사용될 때 다음과 같은 다양한 물류업무 기능을 수행할 수 있다.

- 배송단위에 대한 식별
- 개별적인 배송단위에 대한 추적, 조회
- 운송업체의 효율적인 배송
- 재고관리 시스템을 위한 정확한 입고 정보
- 자동화에 의한 효율적 입고와 배송

(4) SGLN (Serialized Global Location Number)

▸ SGLN은 Location코드를 EPC 태그에 입력하기 위해 정의된 코드 체계이다.

(5) GRAI (Global Returnable Asset Identifier)

▸ GRAI는 팔레트 등 회수 자산을 식별하기 위한 코드이며, EAN.UCC 바코드에 사용되는 형태 그대로 EPC 태그에 입력하여 사용 할 수 있다.

(6) GIAI (Global Individual Asset Identifier)

▸ GIAI는 개별 자산을 식별하기 위한 코드이며, EAN.UCC 바코드에 사용되는 형태 그대로 EPC 태그에 입력하여 사용 할 수 있다.

■ **EPC 코드 응용 체계**

ISO/IEC 코드		EPC 코드	ucode	기타
15963	APACS	SGTIN-64	Class A	바코드
	NEN	SSCC-64	Class B	EAN-8
	EAN.UCC	SGLN-64	Class C	EAN-12
	ANS INCITS 16	GRAI-64	Class D	EAN-13
15459		GIAI-64	Class E	EAN-14
11784(동물용)		SGTIN-96	Class F	EAN-128
10374(컨테이너용)		SSCC-96		IATA
		SGLN-96		BTIC(항공수하물)
		GRAI-96		
		GIAI-96		
		GID-96		

그림 1-29. EPC 코드 응용 체계

1.3.6 EPCIS (EPC Information Service)

EPC Information Service (EPCIS)는 EPC에 관계된 정보를 관리하는 것이며, 기업 혹은 EPCglobal 네트워크로부터 EPC 정보를 조회하는 하나의 접점이다.

EPC 이벤트 데이터는 미들웨어로부터 EPCIS로 데이터를 전송하고 수집된 데이터를 로컬 시스템에 저장하거나 ERP와 같은 다른 EIS (Enterprise Information System)로 전달된다.

EPCIS로 보내어지는 조회/갱신 요청은 EPCglobal 네트워크상의 시스템 자체에 저장될 수도 있으며, 다른 기업의 EPCIS 혹은 외부 (external) EPCIS에 저장될 수 있다.

EIS 서비스를 포함한 EPCIS의 통합은 ESB (Enterprise Service Bus)를 통해 달성할 수 있다. 만약 EPC-IS가 ESB상에서 사용이 불가능하면 다른 EIS와의 통신을 위하여 J2CA (Java to Connector Architecture)를 고려해 볼 수 있다.

■ **EPCIS Data Category**

(1) Static Data (바뀌지 않는 물리적인 성격)

- ▸ Class level Data: 주어진 클래스에 대한 모든 오브젝트(object), 클래스(class)란 제품 또는 SKU (Stock Keeping Unit)를 나타낸다.
- ▸ Instance level Data: 클래스 레벨의 한 단계 상세 정보로서 제조일, 유통기한 등을 나타낸다.

(2) Transactional Data (물리적 객체의 변화되는 정보)

- ▸ Instance Observations: 하나 혹은 그 이상의 EPC에 변화되거나 증가되는 이벤트를 기록한다.

  (예: 2012년 12월 15일 12:03PM에 Acme Distribution Center에서 배송, ABC 회사에서 2012년 1월 23일 3:45PM에 팔레트에서 해당 EPC를 처리)

  - 구성 요소: 시간(Time), 위치(Location), 하나 혹은 그 이상의 EPC, 비즈니스 프로세스 단계(business process step)
- ▸ Quantity Observations: 특정한 오브젝트 클래스에 대한 수량정보를 계산하

여 이벤트를 저장 (예: 2012년 2월 3일 2:00pm에 XX마트 #23에서 오브젝트 클래스 C에 대한 4100개의 instance를 확인)한다.

- 구성 요소: 시간(time), 위치(location), 오브젝트 클래스(object class), 수량 (quantity), 비즈니스 프로세스 단계(business process step)

(3) Business Transaction Observations

- ▶ 하나 이상의 EPC와 비즈니스 트렌잭션 사이의 결합을 기록한다.
- ▶ 예: 팔레트(pallet)의 EPC X가 ACME 회사의 #23주문에 의해 2:20pm에 배송되어진다.

■ **EPCIS 아키텍쳐**

(1) EPCIS Capturing Application

- ▶ EPC에 관련된 이벤트를 캡쳐하여 해당 EPC 데이터를 전달하는 기능을 수행한다.
- ▶ 수집되는 각각의 EPC 이벤트를 필터링 및 수집하여 다양한 소스로 전달한다.

(2) EPCIS Capture Interface

- ▶ Capture Application에 의해 생성된 EPC 이벤트를 EPCIS Repository나 EPCIS Accessing Application, Partner EPCIS Accessing Application을 포함하는 경로로의 전달을 담당한다.

(3) EPCIS Query Interface

- ▶ EPCIS의 Repository 또는 EPCIS Capturing 애플리케이션으로부터 EPCIS 데이터를 요청하고, 그 결과 값을 반환한다.

(4) EPCIS Access Application

- ▶ EPC의 데이터를 이용하여 Enterprise Application, 즉 WMS와 같은 레거시 시스템 등의 비즈니스 프로세스로 데이터를 전달한다.

(5) EPCIS Repository

▸ 하나 이상의 EPCIS Capturing Application에 의해 만들어진 EPCIS-level 이벤트를 저장하는 저장소 역할을 수행한다.

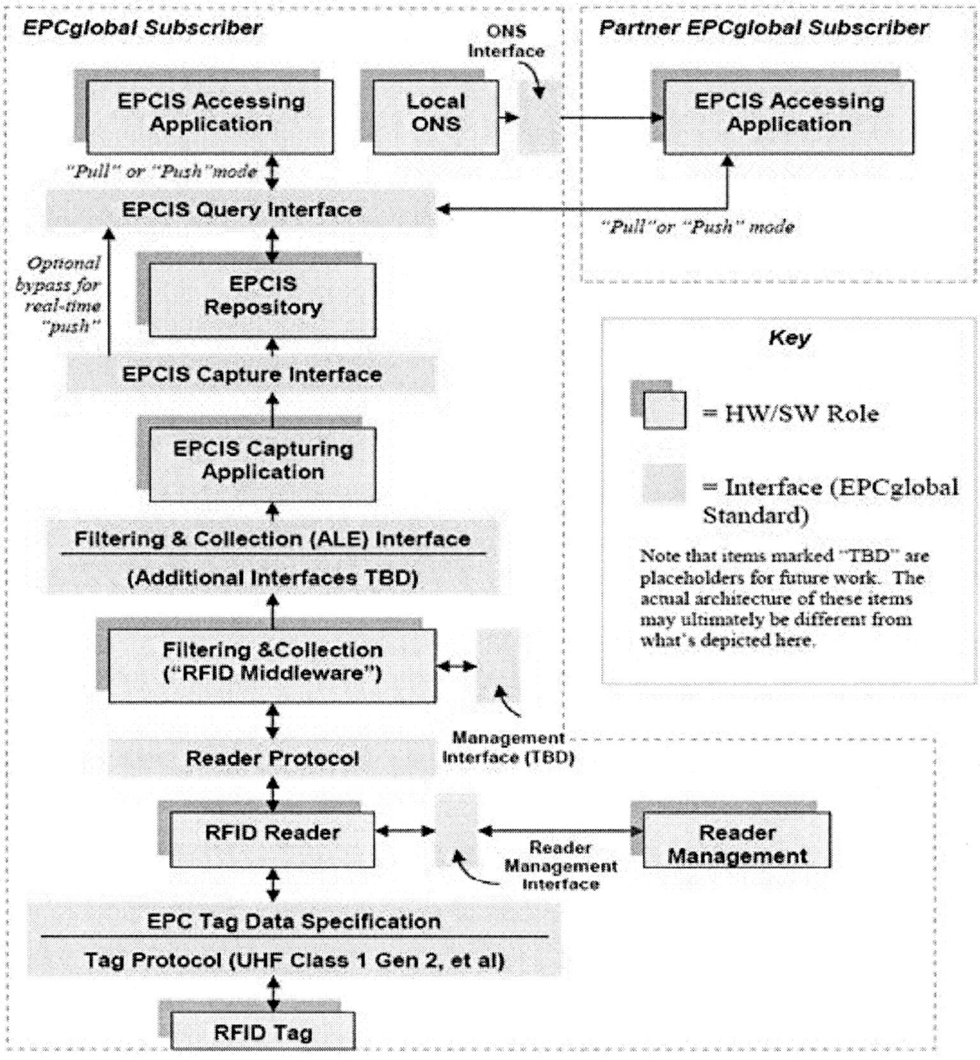

그림 1-30. EPCIS 아키텍쳐 표준

1.3.7 ONS (Object Name Service)

(1) EPC를 IP로 전환하는 맵을 가진 디렉토리 서비스이다.

(2) 모든 기법에 DNS (Domain Name System)에 기반을 두고 있다.

(3) IP 어드레스에 대한 데이터는 XML 기반으로 저장되어 있으며, HTTP와 SOAP 프로토콜을 이용하여 정보를 얻어낼 수 있다.

(4) RFID 태그 상에 기록되어지는 메모리와 전원을 감소시킬 수 있다.

▶ 저장 정보는 ONS 검색을 통한 EPCIS에서 확인하기 때문이다.

(5) 보다 견고한 시스템을 만들 수 있다.

(6) 태그상의 마이크로칩 사이즈를 줄일 수 있다.

■ **ONS 아키텍쳐**

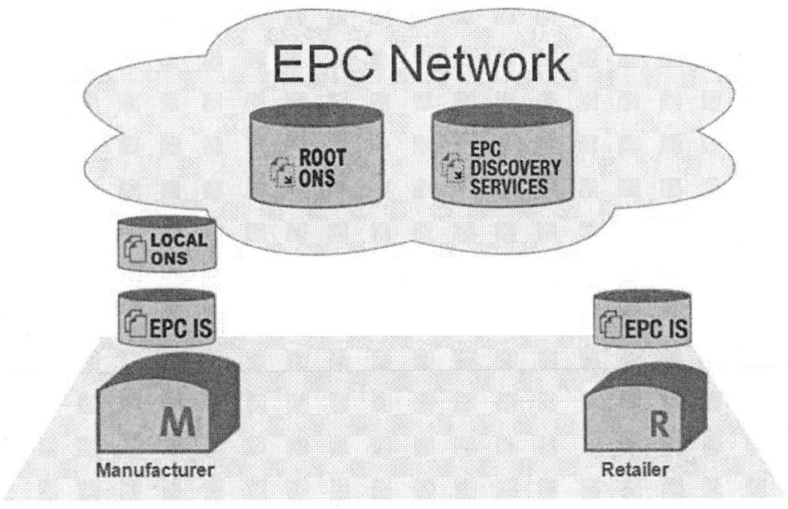

그림 1-31 ONS 구성

(1) ONS는 현재 운용중인 인터넷 상의 Domain Name System과 기능뿐만 아니라 기술까지도 매우 유사하다.

(2) ONS검색 프로세스는 EPC 코드를 가지며, EPC의 객체정보를 가진 하나 이상의 네트워크의 위치 (Uniform Resource Locator: URL)를 반환한다.

(3) 아키텍쳐 상으로 ONS는 두 개의 계층을 가진다.

- ▶ 첫째는 루트 ONS로 EPC네트워크상의 정보를 검색하는 최상위 디렉토리이며, 두 번째는 각 제조사에서 구축하게 되는 "Local ONS"이다.
- ▶ 이 Local ONS는 각 제조사에서 직접 접근하여 제품정보를 조회하게 된다.

(4) ONS검색 프로세스는 Root ONS내의 제조업체를 최초로 look-up하게 되며 이후 제조사의 Local ONS의 물리적 네트워크의 위치를 반환하게 된다.

(5) 이후 resolver는 제조사의 Local ONS의 네트워크 위치를 검색하여 EPCIS, Discovery Services, ERP시스템, PIM등의 정보를 포함하는 하나 혹은 그 이상의 제품의 위치를 결과로 받게 된다.

Discovery	Object Naming Service	EPC네트워크상의 해당 제품에 대한 제조사의 EPCIS를 조회할 수 있도록 서비스를 제공한다.
	EPC Discovery Service	EPC가 track-and-trace가 가능하도록 업체 간 상품에 대한 직접 조회가 가능하도록 서비스를 제공한다.
Storage	EPC Information Service	제품 고유번호 중심으로 제품들에 대한 상세 정보를 검색하거나 저장하는 기능을 가진다.
Secure Access	EPC Trust Services	EPC네트워크상의 인증된 사용자가 다양한 정보 서비스(EPCIS 등)에 접근하는 것을 제어한다.

■ **ONS resolver**

(1) EPCglobal 네크워크 내의 네임 서비스 인프라에 액세스하는 공통의 애플리케이션 인터페이스를 제공한다.

(2) 두 개의 사양 (specifications)을 가진다. (SAG ONS-WG)

- ▶ Application interface (ONS API) definition
- ▶ Components Model: 애플리케이션을 위한 독립적 컴포넌트 및 라이브러리를 가진다.

■ **EPC Network에 새로운 컴포넌트의 소개 (by Auto-ID Center)**

(1) Extensibility of name service system

▸ "Resolver"는 각 네이밍 서비스의 명세와 그 명세의 구현을 숨길 수 있다.

▸ "정형화"와 "확장 가능한" 형태의 소프트웨어 아키텍쳐로 구성되어 있다.

(2)Application Interface stability

▸향후 새로운 형태의 네이밍 서비스가 추가되더라도 애플리케이션 레벨 단에서 구현의 변경은 이루어지지 않도록 설계한다.

■ **ONS 쿼리**

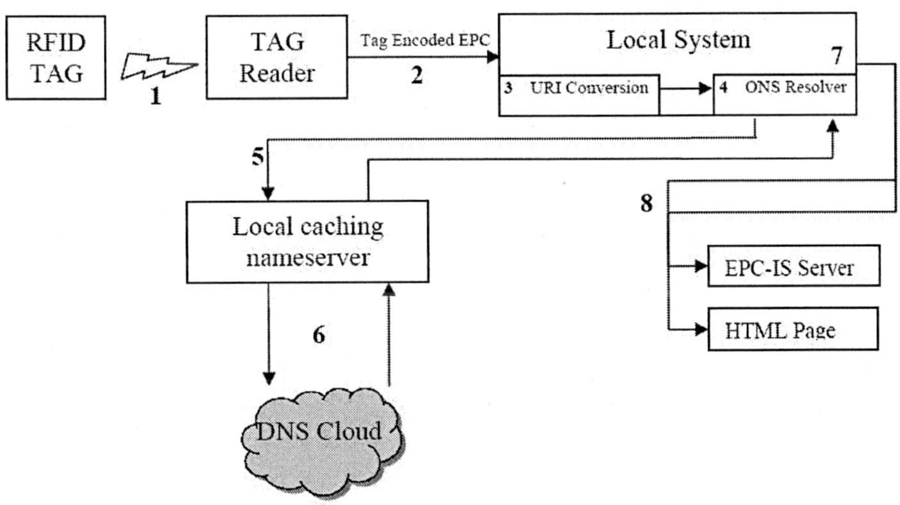

그림 1-32. ONS 쿼리 과정

■ **ONS 요청 및 응답**

(1) Local Name Server Tag

▸ urn:epc:id:sgtin:0614141.000024.400

(2) Local Name Server는 URI를 Local ONS Resolver로 전송한다.

▸ urn:epc:id:sgtin:0614141.000024.400

(3) Resolver는 URI형태를 변환하여 도메인에 NAPTR 레코드를 조회한다.

▶ 000024.0614141.sgtin.id.onsepc.com

(4) ONS 인프라 스트럭쳐는 하나 이상의 서비스 URI endpoint를 응답으로 보내 준다.

Service	Response
EPC+ws	!·.*$!http://example.com/autoid/widget100.wsdl!
EPC+epcis	!·.*$!http://example.com/autoid/cgi-bin/epcis.php!
EPC+html	!·.*$!http://www.example.com/products/thingies.asp!
EPC+xmlrpc	!·.*$!http://gateway1.xmlrpc.com/servlet/example.com!

1.3.8 RFID 미들웨어

■ **RFID 미들웨어 정의**

(1) 이기종 RFID 환경에서 발생하는 대량의 원시(Raw) 데이터를 수집, 필터링하여 의미 있는 정보로 요약하여 응용 서비스에게 전달하는 시스템 소프트웨어이다.

(2) RFID 애플리케이션 개발에 필요한 공통 기능을 표준화하여 컴포넌트로 제공하는 미들웨어 플랫폼 소프트웨어이다.

(3) 다양한 RFID 환경에서 발생하는 대량의 태그 데이터를 수집 필터링하여 의미 있는 정보로 요약하여 내/외부 응용 시스템에 전달하는 시스템 소프트웨어이다.

(4) 내장된 기능들에 대하여 표준화된 인터페이스를 제공하여, 애플리케이션 개발 생산성을 높이고 개발된 제품의 신뢰성 향상, 상호 연동성을 제고한다.

(5) RFID 리더 관리 및 태그 데이터 수집 등과 같은 하드웨어 계층의 인터페이스와 객체정보 관리 및 검색 서비스에 대한 표준화 인터페이스를 제공한다.

■ **RFID 미들웨어 주요 기능**

(1) 리더 및 기기 관리

▶ RFID 리더나 라벨 프린터 등과 같은 하드웨어 컴포넌트와의 환경 구성을 통해 손쉬운 통신을 지원하며, 이들 하드웨어를 관리하기 위한 사용자 인터페이스를 제공한다.

- 통합 리더 인터페이스: 이기종 리더 프로토콜 독립성 지원 (표준 API 제공)한다. 물리적인 AIDC 기기 (RFID 리더, 바코드 리더, 센서)를 논리적 리더로 인식한다.
- 이기종 복수 리더의 원격 모니터링, 설정, 제어 기능을 제공한다.

(2) 데이터 관리 및 처리

▶ 태그로부터 RFID 리더에 의해 생성된 방대한 데이터, 즉 리더에 의해 동일

태그가 반복적으로 읽혀졌다거나 잘못 읽혀진 값들을 필터링 기법을 통해 적절히 정제한다.

- 실시간 이벤트 데이터의 수집, 필터링, 요약한다.

(3) 애플리케이션 통합

▶ 정제된 데이터를 적절한 기업용 애플리케이션 솔루션에 넘겨주는 역할을 수행한다.

- 레거시 시스템 (ERP, SCM, CRM 등)으로 RFID 데이터를 신뢰성 있게 전달 및 연결한다.
  RFID 데이터의 메시징/라우팅, 데이터 매핑 기능을 수행한다.
  웹서비스 연동 기능(재고부족 파악 시 주문 웹서비스 호출)을 수행한다.

(4) 확장성 및 신뢰성 있는 시스템

▶ 사용자가 비즈니스의 필요에 따라 적합한 솔루션을 구축할 수 있도록 기업 환경에 적합한 소프트웨어 아키텍처를 제공한다.

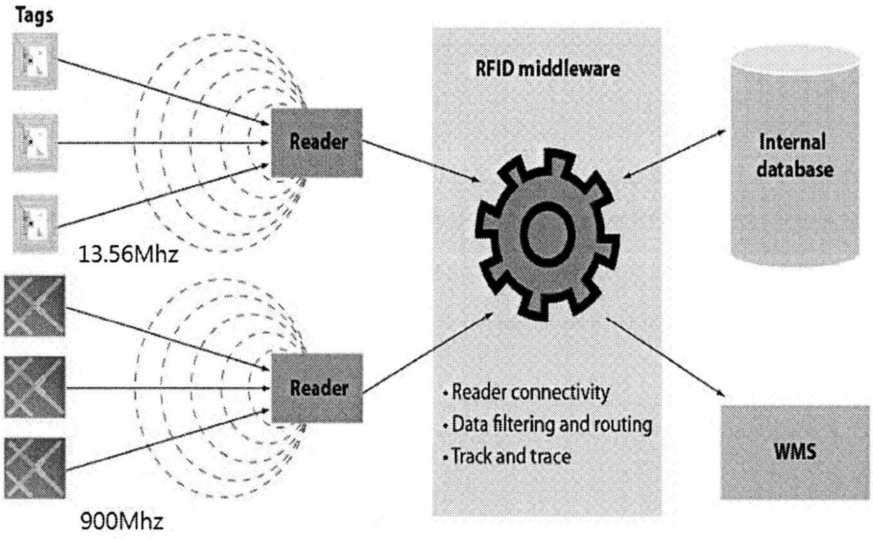

그림 1-33. RFID 미들웨어 구조

■ **RFID 미들웨어 구성 요소**

(1) Reader Interface Component (RIC)

- ▶ Reader Profile: RFID 리더기 설정을 저장한다.
- ▶ Protocol Process: 한 종류의 리더만을 갖는 느낌이 나도록 다양한 리더들을 하나의 인터페이스로 통합한다.
- ▶ Event Generator: 리더들로부터의 태그 이벤트를 4가지 형태의 이벤트로 변화하여 응용에 전달한다.
    - TagSeen: 태그가 처음 인식한다.
    - FirmRead: 일정시간 지속적으로 인식한다.
    - TagVanished: 태그가 인식되지 않는다.
    - TagExpired: 일정시간 동안 태그가 인식되지 않는다.
- ▶ Command Processor: 응용프로그램의 명령을 해석한다.
- ▶ Reader Monitor: RFID 리더기를 모니터링 한다.

(2) Event Management Component (EMC)

- ▶ RIC (Reader Interface Component)를 통해 전달 받은 이벤트를 필터링하고 분류하여 응용프로그램에 전달한다.
- ▶ Flow Designer: 사용자가 미리 정의된 Filter와 Queue, Logger 등을 이용하여, 리더로부터 발생될 이벤트에 대한 처리 흐름을 XML 문서로 정의하는 기능을 제공한다.
- ▶ EMC Manager: XML로 기술된 플로우 정의 문서를 파싱하여 사용자가 정의한 형태로 Filter, Queue, Logger를 구성하고 RIC에서 전달된 이벤트를 플로우를 따라 처리한다.

(3) Task Management Component (TMC)

- ▶ 수집된 태그 데이터를 관리하고 활용하기 위한 사용자 정의 작업을 정의한다.

(4) Application Interface Component (AIC)

▶ 상위 계층에 존재하는 응용 시스템이 RFID 리더기들을 제어할 수 있도록 인터페이스를 제공한다.

(5) Real-time Business Process Triggering System (RBPTS)

▶ EMC로부터 전달된 이벤트를 미리 정의된 규칙에 정의된 내용과 비교하여 사용자가 정의한 규칙과 부합되는 이벤트 일 경우 규칙과 연관된 테스크를 수행하여 응용 프로그램에 전달해주는 기능을 수행한다.

(6) Object Naming Service (ONS)

▶ Object Information Service 혹은 EPC Information Service 에 대한 URL 정보를 제공한다.

■ **RFID 미들웨어 장점**

(1) 타 시스템과의 연동 및 통합의 편의성

▶ 기존 엔터프라이즈 데이터와의 통합과 다른 애플리케이션과의 연동을 가능케 하는 기능을 수행함으로써 솔루션 통합, 데이터 처리 및 공유를 통한 부가가치 창출한다.

▶ 다양한 어플리케이션 및 리더들의 표준화된 인터페이스를 제공함으로 다양한 이기종간의 리더기를 쉽게 연결할 수 있는 범용성을 가진다.

(2) 개발의 용이성

▶ RFID 관련 국제 표준은 ISO (국제표준화기구)와 IEC (국제 전기기술위원회)가 공동 구성한 JTC1 내에서 진행한다.

구분	내 용
Single Image Reader	다양한 어플리케이션과 다양한 리더들의 표준화된 인터페이스를 미들웨어가 제공함으로써 애플리케이션이 리더에 대해 하나의 이미지를 가질 수 있도록 해준다.
Preprocessing 지원	지속적으로 읽혀지는 태그들에 대해 사전처리를 가능하게 해준다. 여기서 사전처리는 Filtering과 Error Correction 등을 포함한다.
Light weight Application	리더에 대한 Access나 처리 및 제반 RFID 네트워크 관련 서비스들은 응용 프로그램 개발에서 분리되게 되므로 개발자는 이에 대해 전혀 고려하지 않고 응용 프로그램을 개발할 수가 있게 된다.
실시간 태그 정보 제공	리더에서 읽혀지는 태그들은 하나의 스트림을 형성하여 계속 입력되게 되는데, 이의 빠른 처리를 위해서는 미들웨어 자체적으로 고성능의 DB를 지원할 필요가 있다.
Globalization	글로벌 RFID 시스템 통합화에 기여하게 된다.

1.3.9 ALE (Application Level Event)

클라이언트에 명세되는 정보를 제공하며, 구현에 영향을 미치지 않고 사용하고자 하는 EPC 데이터에 대한 고수준, 선언적 방법을 의미한다.

(1) Abstract application programming interface: ALE Engine으로부터 EPC 데이터를 획득한다.

(2) 웹서비스 구현을 위한 SOAP 바인딩 추상 API이다.

(3) ALE 인터페이스가 어떻게 EPC 데이터 소스와 인터페이스 하는지 또는 소스를 트리거 하는지 명세하지 않는다.

(4) 일반적인 프로세싱 모델을 제공한다.

(5) RFID 리더기와 같은 하나 혹은 그 이상의 데이터 소스로부터 EPC를 받는다.

(6) 일정 간격을 두고 데이터를 수집한다.

- ▶ 필터는 중복되는 EPC를 제거하거나 인식 대상외의 EPC를 Skip한다.
- ▶ 데이터의 볼륨을 감소하기 위해 카운트와 그룹핑을 사용한다.
- ▶ 다양한 형태의 양식을 제공한다.

그림 1-34. ALE 데이터 흐름

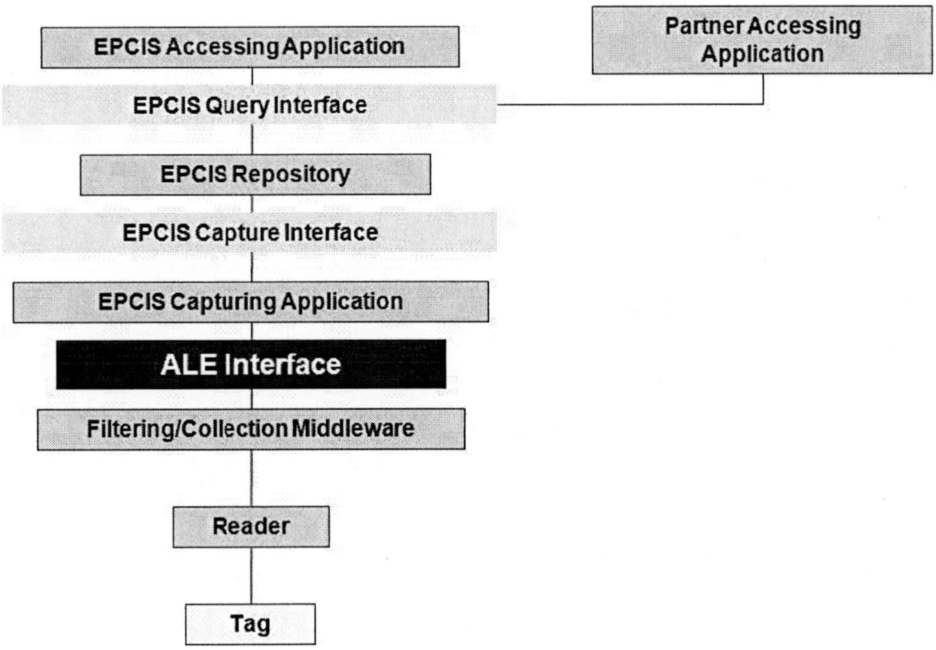

그림 1-35. ALE 위치

■ **ALE 장점**

(1) 선언적 (Declarative)

- ▶ 원하는 것만 얻으며, 어떻게 그것을 얻는지 알 필요가 없다.
- ▶ 리더기의 특징을 미리 제공함으로써 구현에서 자유로워질 수 있다.
- ▶ SQL 자체가 곧 데이터베이스이다.

(2) 공유 (Sharing)

- ▶ 두 개의 애플리케이션이 서로 다른 파라미터와 사전 조치 없이 동시에 요청을 할 수 있다.

(3) 고수준 (High-level)

- ▶ 저수준의 이벤트를 처리하는 프로그래밍 태스크를 제거할 수 있다.

(4) 확장성 (Extensible)

- ▶ EPSpec, ECReports의 스펙 확장 가능을 제공한다.

■ **ALE 구성 요소**

구분	내 용
Reader	• EPC 데이터 이벤트 소스 • 일반적으로 RFID 리더기나 수작업 입력 또는 EPC 값을 입력 받을 수 있는 바코드 리더기 등
Report	• Event Cycle에 대한 데이터 • ALE Layer의 최종 결과물
Logical Reader	• 가상 리더기 단위 • 특정 Event Cycle에서 하나 이상의 Reader로 구성된 가상의 리더기로 상위 Layer와 하위 Layer의 Reader 정보에 대한 독립성을 높여줌
Group Report	• Event Cycle내 EPC 데이터의 그룹핑 데이터로 크게 membership report와 cardinality report로 구분
Event Cycle	• ECSpec을 실행하는 단위로 ECBoundary에 의해서 실행 범위가 결정 • 하나 이상의 Read Cycle이 모여서 Event Cycle이 구성 • 클라이언트와 ALE 미들웨어 간의 최소 상호연계 단위
Read Cycle	• 리더기와 통신하는 최소단위 • Read Cycle의 결과는 EPC 코드 • Read Cycle의 결과 → ALE Layer의 입력

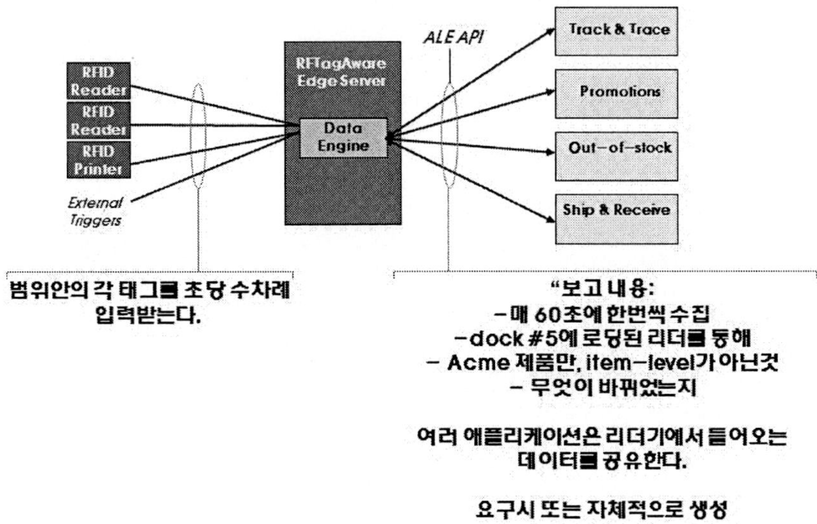

그림 1-36. ALE 처리 과정

■ ALE 운영 모드

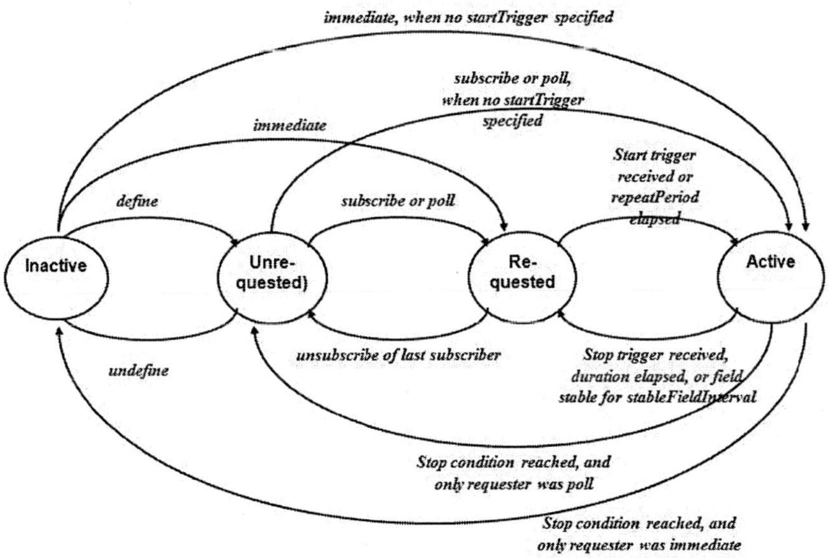

그림 1-37. ALE 운영 모드

(1) Immediate 모드 (synchronous)

- 애플리케이션은 ECSpec을 제공한다.
- ALE는 리포트(reports)를 반환한다.

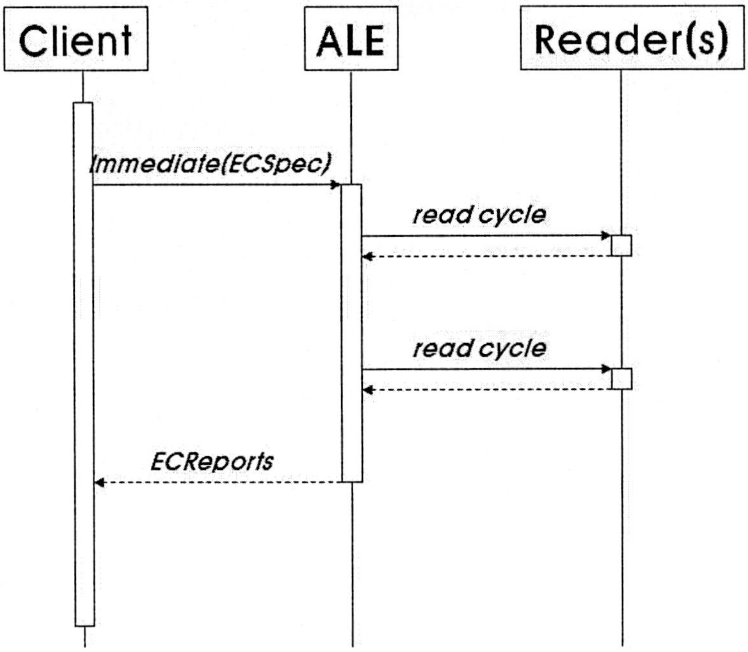

그림 1-38. Immediate 모드

(2) Poll 모드 (동기방식)

- 애플리케이션은 ECSpec "A"로 정의되어 진다.
- 애플리케이션은 "A"로부터의 하나의 이벤트 사이클을 요청한다.
- ALE는 리포트를 반환한다.

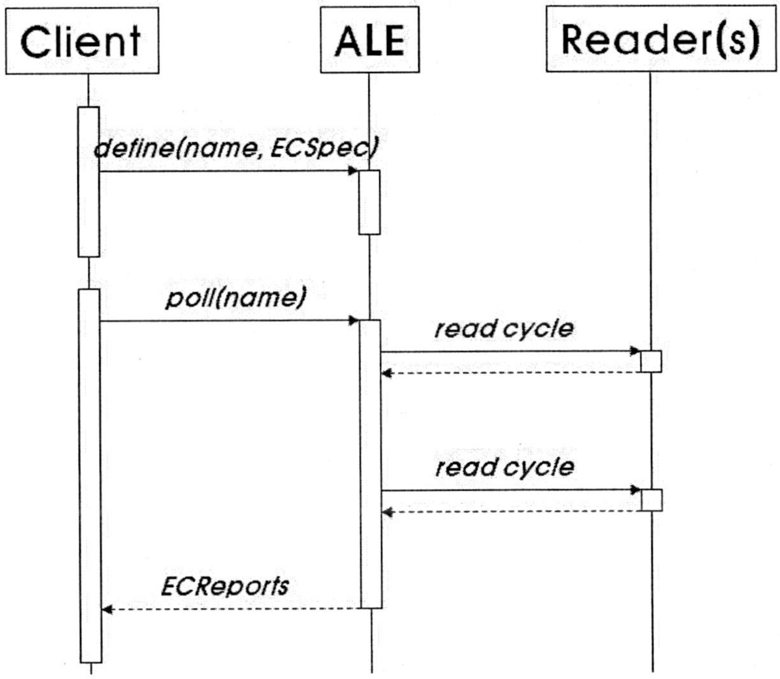

그림 1-39. Poll 모드

(3) Subscribe 모드 (비동기 방식)

- 애플리케이션은 ECSpec "A"로 정의되어 진다
- 애플리케이션은 "A"를 subscribe하고 destination "D"를 제공한다.
- ALE는 각 이벤트 사이클이 완료될 때 "D"의 reports를 전달한다.

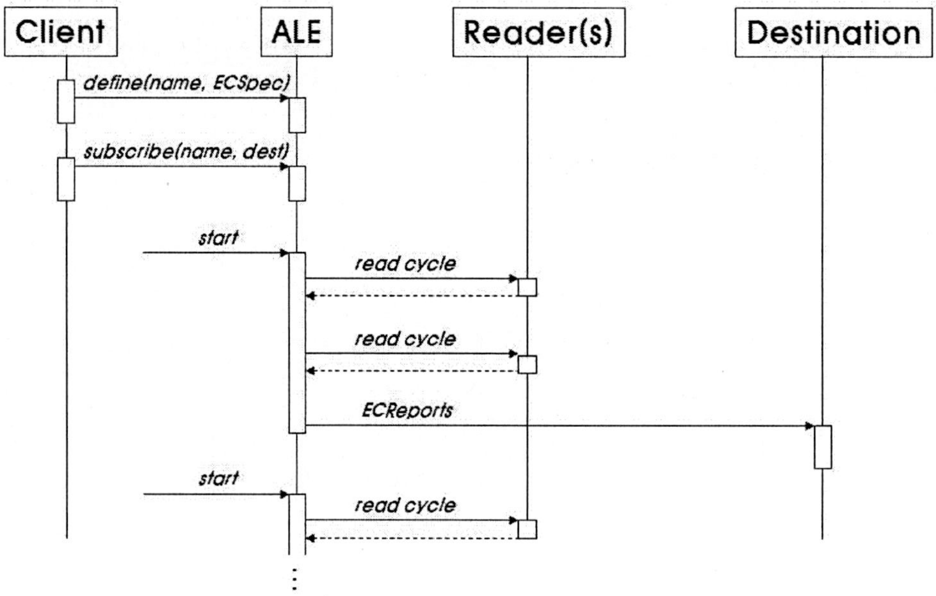

그림 1-40. Subscribe 모드

1.3.10 RFID 보안

■ **일반적인 공격 기법**

(1) 도청 공격

▶ 적극적 공격: 공격자가 리더를 가지고 태그를 스캐닝하는 공격 방법이다.

▶ 수동적 공격: 리더와 태그 간 통신을 RF 수신하는 공격 방법이다.

(2) 트래픽분석 공격: 트래픽 분석에 의한 통계를 기반으로 공격한다.

(3) 재전송 공격 (Reply Attack): 도청한 정보를 이용 정당한 태그로 가장하여 공격한다.

(4) 스니핑 (Sniffing): 네트워크상에서 전달되는 모든 패킷을 감시한다.

(5) 스캐닝 (Scanning): 컴퓨터 종류, OS버전, 네트워크 데몬을 감지한다. (침입의 전 단계임.)

(6) 스푸핑 (Spoofing): 정당한 리더로 가장해서 태그에 질의하고, 인증정보를 이용하여 유인 태그 만들어 바꿔치기하는 수법이다.

(7) 태그 복제

▶ 부채널 공격: 태그와 센서의 소비전력 또는 전자파 특성을 분석하는 공격 방법이다.

(8) 메시지 유실

(9) 서비스 거부 (DoS): 엄청난 데이터를 집중적으로 전송하여 과부하 유도하여 다운시키는 공격 방법이다.

■ **물리적인 공격 기법**

(1) 단순전력분석 (Simple Power Analysis): 암호화 값에 따른 소모 전류 변화를 이용한 공격 방법이다.

(2) 차분오류분석 (Differential Fault Analysis): 전자기파를 이용한 공격으로, 계산의 오류를 인위적 유도한다.

(3) 칩 내부공격: 집중 이온빔 장치를 이용하여 임의적인 고장을 유발한다.

(4) 메모리 잔류 자기 정보 분석 공격 (Memory Remanence Attack): 데이터는

완벽하게 지워지지 않는 특징 이용한다.

(5) 타이밍 분석공격 (Timing Analysis): 암호학적 계산의 소요시간과 평문의 실제 비트값이 다르다는 특성을 이용한 공격 방법이다.

(6) 템피스트 (Tempest)공격 및 프로빙 (Probing)공격: 중간자 공격과 유사하다.

▶ 중간자 공격 (Man In the Middle Attack): 두 당사자 사이에 끼어들어 교환하는 정보를 자기 것과 바꿔치기하여 도청하거나 통신내용을 바꾸는 공격 방법이다.

(7) 비파괴 공격 (Non Invasive Attack): 갑작스런 전원의 이상을 이용한 공격 방법이다.

(8) 배터리 소진 공격(Battery Burn out Attack): RFID 리더기에 계속적인 데이터 전송 요청으로 배터리를 소진시키는 공격 방법이다.

■ **RFID 시스템의 침해 대응 기술**

(1) Kill 명령어 기법: 사용자가 제품 구매순간에 kill(무효화)명령으로 태그동작 종료하는 방법으로, 태그를 재사용할 수 없다.

(2) Sleep 명령과 Wake 명령어 기법: 태그를 재웠다 깨우는 기법으로, 사용자가 각 태그를 일일이 관리하는 불편이 존재한다.

(3) 태그 차폐 (Shield the Tag): 페러데이 케이지 등의 전파 차단막 이용하여 태그를 감춤으로 의의 리더기가 태그에 접근하는 것을 막은 방법이다.

(4) 능동형 전파 방해 (Active Jamming): 의미한 전파 신호를 발생시켜 통신을 방해하는 방법이자만, 반면에 공격 방법으로 오용될 소지가 있으며, 전파 공해가 발생한다.

(5) 블로커 태그 (Blocker Tag): 개별화 프로토콜 단계에서 모든 개별화 ID를 흉내냄으로써 RFID 리더기가 어떠한 태그도 식별할 수 없도록 하는 방법이다.

(6) 프록싱 (Proxying) 접근: 소비자 자신이 프라이버시 보호를 위한 장비를 휴대하는 방법이다.

(7) 배타적 논리합(XOR), 익명(Pseudonym) 등의 저연산 기법 일회용 난수표

(One-Time Pad) 방식의 인증을 수행함으로, 적당한 수준의 프라이버시 보장한다.

(8) 해시 기반 및 난수 등을 이용한 기법: 해시함수를 이용한 저가 태그용 접근제어 프로토콜을 제공한다.

(9) 암호화 알고리즘을 이용한 기법: 의사난수 생성함수 이용하여, RFID 태그의 공개키를 몰라도 재 암호화를 가능하게 하는 방법이다.

■ **RFID 시스템의 정보 보호 요구 사항**

구분	요구 사항
기밀성	• 태그 사용자는 권한이 있는 유저에 의해서만 태그가 읽혀지길 요구하며 태그 사용자는 태그에 저장된 데이터를 암호화할 수 있어야 한다. • 태그는 태그의 설계 또는 구조의 간섭 없이 암호화된 정보를 읽고 쓸 수 있어야 한다. 이러한 특성은 사용자가 선택할 수 있어야 한다.
익명성	• 태그 내의 정보 또는 정보와 별도의 태그 식별 정보에 대한 익명성이 보장되어야 한다. • 정보를 이용한 사물 및 개인에 대한 위치 추적, 경로 추적 및 감시가 이루어지지 않도록 인증된 적법한 사용자가 제어할 수 있다.
무결성	• 태그는 패스워드 기능으로 알려진 정보의 변경이나 삭제를 막을 수 있어야 한다. • 태그 제조사들은 사용자에 관련되지 않는 제조사와 관련된 정보의 저장소와 식별에 대한 태그 정보를 잠글 수 있는 기능을 가져야 한다.
인증성	• 태그 정보의 저장소와 전송 프로토콜은 태그 정보를 읽기에 앞서 소유권자의 권한에 대한 인증의 요구에 대해서 제어 가능한 옵션을 제공해야 한다. • 태그 아이디를 읽는 것만으로 인증을 요구하지 않는다.
침해 대응성	• 서비스 거부 곡역 대응 • 시스템 보호 제공 • 네트워크 보호 제공 • 해킹 바이러스 침입 공격 등에 대한 대응

1.4 RFID 표준화

RFID의 표준화는 표준화 대상에 따라 분류되어지며, 동물 및 사람, 사물에 따라 표준화를 별도로 진행하고 있다.

기존에 사람이나 동물을 중심으로 하는 표준화는 오랜 시간에 걸쳐 표준이 만들어 졌는데 비하여, 사물에 관련된 표준은 최근 들어 RFID에 대한 관심이 집중됨에 따라 매우 빠르게 표준화가 진행 중이다.

사물에 관련된 RFID의 표준화는 ISO(국제표준화기구)와 IEC(국제전기기술위원회)가 공동으로 구성한 ISO/IEC JTC1/SC31 산하위원회에서 진행되고 있다.

현재 RFID 국제 표준화는 SC31이 워킹그룹4(WG4)에서 추진되고 있으며, WG4내에서는 다시 4개의 서브그룹(SG)이 있어 분야별로 표준화가 진행 중이다.

서브 그룹 중에서 SG3에서는 주파수 대역별 Air Interface의 표준화가 진행 중이다. 또한 WG5를 신설하여 RFID를 이용한 위치기반 응용서비스 (RTLS)에 대한 국제 표준화를 진행 중에 있다. 433Mhz와 2.45GHz를 사용하여 실내에서 사물의 위치를 추적하는 방식에 대한 연구가 진행 중이며, 향후 지능형 로봇이나 텔레매틱스 등 위치기반의 서비스를 제공하는 다른 신 성장 동력 산업에도 이러한 기술이 확산될 전망이다.

1.4.1 EPCglobal 네트워크 표준화 동향

(1) EPCglobal 네트워크 시스템 구조 및 구성 요소는 2004년 말 기본 사양의 표준화 등 전체 윤곽이 드러났으며, 시스템 구축 마무리 단계이다.

(2) 세계 최대 유통업체인 월마트와 미 국방성의 적극적인 선도에 힘입어 EPCglobal 네트워크 표준화 및 보급/확산이 가속화될 전망이며, Gillette, HP, P&G, Tesco 등 글로벌 기업의 도입도 본격화되고 있다.

■ **국내외 동향 및 시장 전망**

- RFID 세계 시장은 2005년 30억 달러에서 2010년 100억 달러로, 국내 시장은 2003년 660억원 규모에서 2007년 3180억원 규모로 성장하였다. (연평균 25% 이상 성장)
- 2012년에는 1센트(10원)까지 내려 갈 수 있다는 전망되고 있으며 기업들은 태그 값이 10센트 이하로 떨어지면 모든 상품에 태그를 부착할 수 있을 것으로 내다보고 있다.
- 리더기 기능의 향상으로 초당 300건을 읽던 리더기가 초당 1,000건을 처리할 수 있게 됐고, 최대 2개 상품을 동시에 판독할 수 있던 리더기는 8개까지 읽을 수 있게 된다.
- 미국 월마트나 국방부에 납품하는 국내 대형 제조업체의 경우 별도 팀을 구성하여 EPC 시스템 구축에 나서는 등 적극적으로 대응 전략을 세우고 있다.
- 월마트의 경우 이번 파일럿 프로젝트 진행으로 매장 결품률을 16% 낮출 수 있는 것으로 판단한다.

1.4.2 Gen2 표준

Gen2 표준은 ISO 표준 18000-6c 등록을 위하여 2005년 6월 ISO (국제표준화기구)에 상정되어, 2006년 3월에 국제 표준화 작업이 완료되었다.

(1) ISO의 국제 표준화 작업이 완료되면, Gen2는 UHF 대역 국제 표준 프로토콜이 된다.

(2) 글로벌 기업 등 시장의 힘에 사실상의 표준 외에 공식적인 국제 표준이 된다는 의미한다.

▶ Gen2 태그는 필드에서도 사용자에 의해 프로그램 될 수 있다.
(태그가 케이스나 팔레트에 부착되어 있어도 정보입력이 가능)

▶ Gen2 세 가지 필수 메모리 (EPC 저장용, 패스워드 저장용, 태그 정보 저장용)가 있으며, 최종 사용자가 임의로 사용할 수 있는 옵션 메모리가 있다.

▶ Gen2는 Gen1에 비해 리더가 RFID 태그의 데이터를 읽고 쓰는 속도가 빠르다.

- Gen1 Class 0은 초당 80kbit, Gen1 Class 1은 140kbit의 데이터 전송을 지원하는 반면, Gen2는 초당 640kbit까지 지원한다.
- Gen2는 96bit EPC 코드를 기록하는데 초당 7개 이상의 태그를 기록 할 수 있다.

■ **Gen2 특징**

구분	Gen1 Class 0	Gen1 Class 1	Gen2
국제 호환성		O	O
메모리 쓰기 지원	O		O
고밀도 리더 운용성	O		O
액세스 보안성			O
합리적 가격			O
산업계 지원	파일럿	파일럿	파일럿
표준 완료	완료	완료	완료

1.4.3 RFID 미들웨어 표준화

■ **해외 (EPCglobal) 표준화**

(1) RFID 미들에어 표준은 사실상의 표준을 제시하고 있는 EPCglobal을 중심으로 활발히 진행하고 있다.

(2) EPC Network 구현에 따른 기술요소 분야를 하드웨어, 소프트웨어, 비즈니스 분야로 구분하여 각 분야별 액션 그룹(action group)을 구성하고 있다.

(3) EPCglobal 가입 업체 중심으로 기술규격 및 표준제정을 추진하고 있다.

(4) 특히, 미들웨어 및 네트워크 시스템과 관련된 소프트웨어 인터페이스 및 표준 제정은 SAG에서 진행한다.

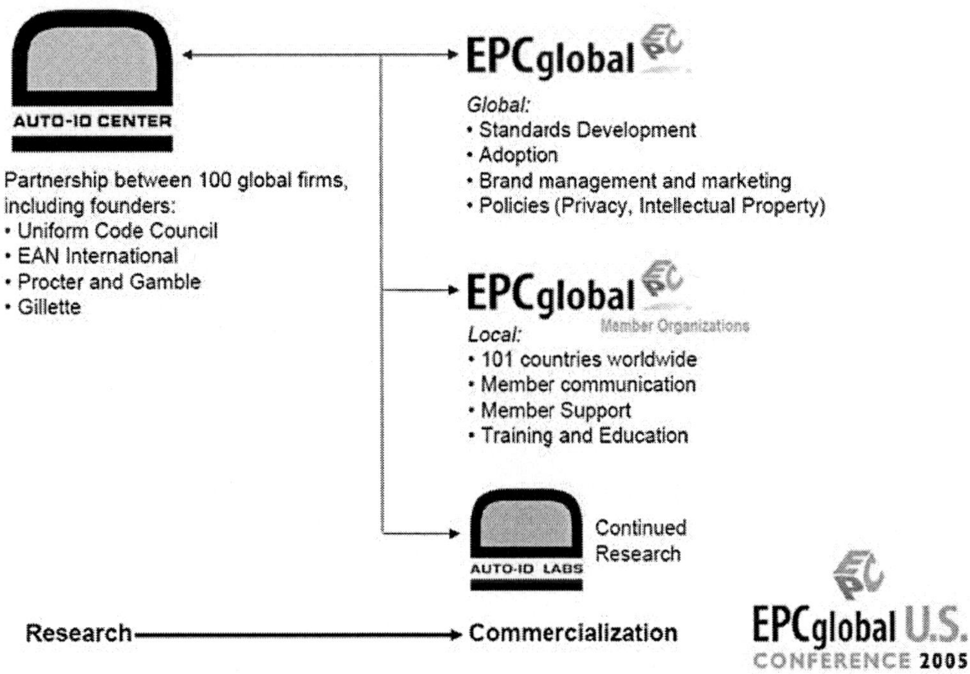

그림 1-41. EPCglobal 구성

▸ ISO/IEC JT1/SC31

- RFID 관련 국제 표준은 ISO (국제표준화기구)와 IEC (국제 전기기술위원회)가 공동 구성한 JTC1내에서 진행한다.

■ **국내 표준화**

- USN 표준화 포럼
- 한국 유통 물류 진흥원 GS1 Korea
- 한국 RFID/USN 융합협회
- TTA (한국정보통신기술협회)
- 산업자원부 산하 기술 표준원

■ **Auto-ID 표준과 EPCglobal 표준**

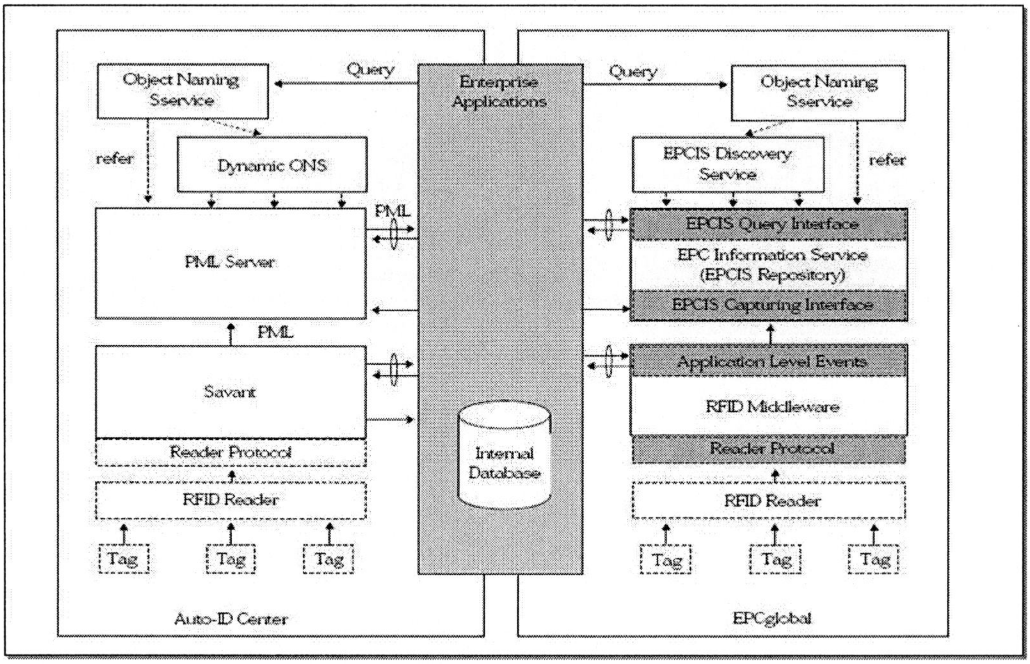

그림 1-42. Auto-ID와 EPCglobal 표준

■ **RFID 미들웨어 표준화 분야**

구분	내용
Reader Protocol	리더와 호스트간의 명령 수행/응답 및 태그 정보의 교환과 관련된 표준을 정의한다.
Reader Management	개별 RFID 리더기에 대한 환경설정, 모니터링 및 시스템 이상 발생 시 알람과 같은 RFID 리더기 관리에 관한 표준적인 기능 목록을 정의한다.
Filtering and Collection	응용 프로그램이 복수 개의 태그인식 기기 (RFID 리더기 포함)로 부터 정제 및 요약된 태그 인식 데이터를 표준화된 방식으로 획득하기 위해 필요한 데이터 표현 규격 및 리포팅 방식을 정의한 일련의 소프트웨어 API를 정의한다.
EPCIS	EPC와 관련된 정보를 획득하고, 관리하며 이를 공유하기 위한 외부 인터페이스를 정의한다. 이는 RFID 인프라 시스템으로부터 도출된 결과를 반영하여 다양한 유즈케이스를 제공하기 위한 추상화된 데이터 모델 정의도 포함한다.
ONS	EPC와 관련한 EPCIS 위치 정보 검색서비스를 제공하는 ONS에 대한 구조 및 질의 API를 정의한다.
Tag Data Translation	태그 데이터 표준(Tag data standards)에 정의된 EPC 인코딩/디코딩 규칙을 표현하고, 그 규칙에 근거하여 EPC 코드 변환 작업을 수행하는 데 필요한 규격을 도출하고, 정의한다.
Security	사용자정보 보호, 데이터 암호화 등 EPCglobal 네트워크 전반에 걸친 보안 프레임워크를 제공하기 위한 일종의 가이드라인을 정의하고 권고안을 마련한다.

■ RFID 미들웨어 표준화 대상

(1) Application Level Event (ALE)

- ▶ 리더로부터 전달된 EPC 데이터를 일정기간 동안 수집 한 후, 중복 혹은 불필요한 정보를 제거한 최종, EPC 목록 및 개수 정보를 일정한 형식으로 표현하여 리포팅하는 일련의 과정이다.
- ▶ "Event Cycle"은 RFID 미들웨어와 응용 애플리케이션간의 최소 연동 단위로서, 매 Event Cycle 종료 시점에 해당 cycle동안 수집된 EPC 목록을 응용 애플리케이션에 전달한다.
- ▶ ALE 인터페이스가 제공하는 API를 통해서 Event Cycle의 시/종점, 수집된 EPC 목록에 대한 필터링 및 그루핑 조건, 리포팅 형식 등을 설정한다.
- ▶ ALE의 클라이언트 응용 애플리케이션은 원하는 형태의 Event Cycle을 정의하여 API를 통해 등록하고 이를 반복 호출 혹은 구동/발행 방식을 지원하는 API를 통해서 응용 애플리케이션에서 EPC 목록을 전달 받는다.

(2) EPC Information Service (EPCIS)

- ▶ EPCIS는 기업 내/외에 존재하는 서로 다른 애플리케이션 간에 EPC를 매개로 EPC 관련 정보를 공유하고 정보 이력을 관리함으로써 태그가 부착된 객체에 대한 정보에 공통된 시각을 갖도록 하는데 그 목적이 있다.
- ▶ EPCIS에는 2개의 인터페이스가 존재한다.
  - EPCIS Capturing Interface: EPC 인식 정보 및 관련 정보를 수집하기 위한 인터페이스로서, 태그의 발급과 폐기, 태그간의 관계 (부착된 객체의 모자 관계 등), 특정 지점에서 인식된 EPC 목록의 등록 등 EPC의 인식정보 이외에 이와 관련된 비즈니스 정보 또한 등록할 수 있도록 API가 정의되어 있다.
  - EPCIS Query Interface: 기업 내/외부에 존재하는 응용애플리케이션이 EPC를 통한 이와 관련된 정보를 질의하기 위한 표준화된 API를 정의하고 있다.

1.5 RFID 사업화

(1) Wal*Mart 사례

- 2004년 4월 최초로 RFID 태그 부착 제품 선적
- 3000개의 상점(store) 중 3개 상점에 시범 적용
- 100개의 물류창고(DC)중 1개의 물류창고에 시범 적용
- HP를 포함한 8대 공급자가 실시
- 약 1개월간의 데이터 수집
  - 물류 공급망 상의 획기적인 개선 요소가 파악 되었다.
  - 물류센터 입점에서 매장 사이의 물류 흐름에 대한 완벽한 가시성(Visibility)을 확보하였다.
  - RFID기술 적용 점포는 비적용 점포에 비해 품절 상품을 보충하는데 63% 이상의 효율성을 나타내고 매장의 상품품절 발생률이 16% 감소하였다.

그림 1-43. Wal*Mart 사례

(2) 해양, 수산 부분에서의 RFID/USN 사업

- 07년 농축수산업 고부가가치화 기반 구축 (농림수산부) 지경부 85억 관련부처 110억
- 07년 RTLS/USN 기반 u-Port 구축 (농림수산부) 지경부23억 관련부처 10억
- 07년 USN 기반 기상·해양 통합관측 환경 구축 (기상청·국토부) 지경부 25억 관련부처 23.5억
- 05년 대관령 한우 RFID 이력관리시스템 (강원도)
- 06년 RFID/USN 기반 양식지능화 시스템 개발 (제주특별자치도)
- 08년 고품질 쌀 브랜드 육성을 위한 RFID인프라 구축 (전라남도)
- 08년 USN/기반 기상/해양 통합관측 환경 구축 (기상청) 13.7억
- 08년 RTLS/USN기반 u-port 구축 사업 (국토해양부) 26.3억
- 08년 USN/기반 기상/해양 통합관측 환경 구축 (국토해양부) 9.3억
- 09년 수산물 유통정보시스템 확대구축 (농림수산식품부) 8.2억
- 08년 u-IT 기반 해운훼리 통합관리 시스템 (코리아컴퓨터) 7억 컨소시엄부담 2.5억

(3) 포장업체에서 도입한 RFID/USN 사업

- 07년 항공화물 RFID 인프라 구축 (국토부) 지경부 11억 관련부처 26억
- 07년 RFID 기반 물류거점 정보시스템 구축 (국토부) 지경부 17억 관련부처 11.8억
- 08년 RFID로 유통 및 물류환경 개선 (한국파레트풀)

(4) 소방방제에 관련된 RFID/USN 사업

- 09년 방재구호물품 통합관리 (RFID/USN)시스템 구입 (부산광역시) 2.6억
- 08년 USN기반의 석유화학단지 재해/재난 방지 첨단 종합방재시스템 (한국사업단지공단) 7.4억 컨소시엄부담 2.4억
- 08년 u-월정사 문화재 방재시스템 검증 사업 (강원도) 7.15억 컨소시엄부담 3.15억
- 07년 USN 기반의 불국사 문화재 관리시스템

분야	추진 사업명 및 추진 기관	추진 기간	확산현황		
			시범 사업	본 사업	확산 사업
자산 관리	RFID를 이용한 물품관리 시스템 (조달청)	04. 09.~ 05. 05.	O		
	RFID 기술 적용 신무기체계 (F-15K) 자산관리 시스템 구축 (공군군수 사령부)	05. 06.~ 05. 12.	O		
	RFID 기술을 이용한 개성공단 통행 및 반출입 관리시스템 구축 (통일부)	05. 06.~ 05. 12	O		
	RFID 기반 개성공단 통행·통관 및 물류 기반 시스템 (통일부)	06. 05.~ 06. 11.		O	
	RFID 기반 국가물품관리 서비스 고도화 (조달청)	2007			O
	RFID를 활용한 u-기록물관리 사업 (국가기록원)	2008			O
	RFID 기반 검찰청 기록관리 시스템 확장 사업 (서울중앙지방 검찰청)	2007			O
물류	RFID 수출입 국가물류 인프라지원 사업 (산업자원부)	04. 10.~ 05. 04.	O		
	RFID 기반 물류거점 정보시스템 구축 (국토해양부)	2008			O
유통	RFID 기술적용 수입쇠고기 추적 서비스 (국립수의 과학검역원)	04. 09.~ 05. 04.	O		
	RFID기반 귀금속·보석 유통정보관리시스템 구축 (지식경제부)	2008	O		
	주류 유통정보시스템 구축 (국세청)	2008	O		
국방	RFID 기술적용 국방탄약관리 시스템 (국방부)	04. 10.~ 05. 04.	O		
	RFID 기반 u-국방 탄약관리 확산 사업 (국방부)	06. 06.~ 06. 12.		O	
	RFID를 활용한 군수물자 관리시스템 확산사업 (공군군수사령부)	2007			O
	u-Defense (u-Army 실험사업) 구축 (3군사령부)	2007			
항공	RFID 기반 항공 수하물 추적 통제 시스템 (한국공항공사)	04. 09.~ 05. 04.	O		
	동북아 물류중심 실현을 위한 차세대 지식기반 항공화물 RFID 선도 시범사업 (인천광역시)	05. 08.~ 05. 12.	O		

	RFID 기반 항공화물 공통 RFID 인프라 구축사업 (인천국제공항공사)	06. 06.~ 06. 12.	O		
	u-Airport 구현을 위한 항공수하물 RFID 인프라구축 (한국공항공사)	2007			O
	RFID 기반 항공 수입화물 통관체제 구축 (관세청)	2008	O		
항만	RFID 기반 항만 물류 효율화 사업 (해양수산부)	04. 12. ~ 05. 08.	O		
	RFID 기반 항만물류 효율화 사업 (해양수산부)	06. 06.~ 06. 12.		O	
	RTLS/USN 기반 u-Port 구축 (국토해양부)	05. 06.~ 05. 12.			O
농수축산	대관령 한우 RFID 이력관리시스템 (강원도)	05. 07.~ 05. 12.	O		
	RFID/USN 기반 양식지능화 시스템 개발 (제주특별자치도)	06. 06.~ 06. 12.	O		
	고품질쌀 브랜드 육성을 위한 RFID 인프라 구축 (전라남도)	2008		O	
환경	RFID 기반 감염성 폐기물관리시스템 구축 (환경부)	05. 06.~ 05. 12.	O		
	RFID 기반 감염성폐기물 관리시스템 확산구축 (환경부)	06. 05.~ 06. 12.		O	
의약	RFID 기반 u-의약품 공유시스템 구축사업 (보건복지부)	06. 06.~ 06. 12.	O		
	u-의약품 종합관리 시스템 구축사업 (보건복지부)	2007		O	
	u-의약품 종합관리 시스템 구축사업 (보건복지부)	2008			O
식품	RFID 기반 식품안전정보관리 공통시스템 구축사업 (한국 식품 공업 협회)	06. 06.~ 06. 12.	O		
	안전안심 u-먹거리 구축사업 (한국 식품 공업 협회)	2007		O	
	안전안심 u-먹거리 환경 구축 (한국 식품 공업 협회)	2008			O
기타	u-Museum 서비스 시스템 구축 (국립현대미술관)	05. 06.~ 05. 12.	O		
	모바일 RFID u-포털 서비스 (정보통신부)	06. 06.~ 06. 12.	O		
	모바일 RFID u-스테이션 서비스 (정보통신부)	06. 06.~ 06. 12.	O		

02

USN 기술

2.1 USN 기술의 개요

USN은 초기에 RFID 태그를 이용 개체를 식별하는 단계에서 센싱 기능을 부가하여 환경 정보를 동시에 취득하는 단계를 거쳐 센서 노드 간 통신을 통하여 Ad-hoc Network를 구축하고 기능이 적은 다른 태그를 제어하는 단계로 발전하고 있다.

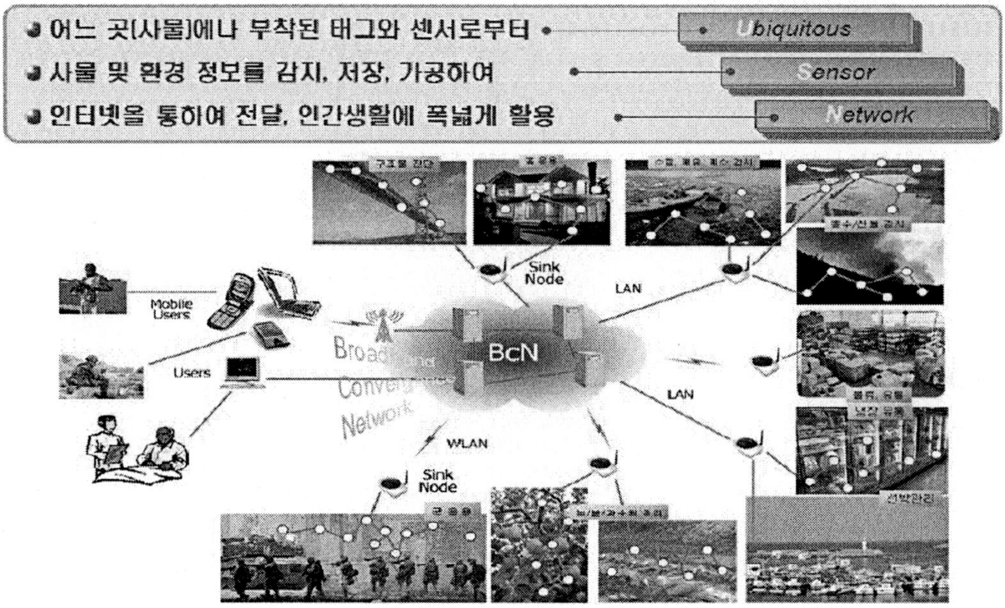

그림 2-1. USN 기술

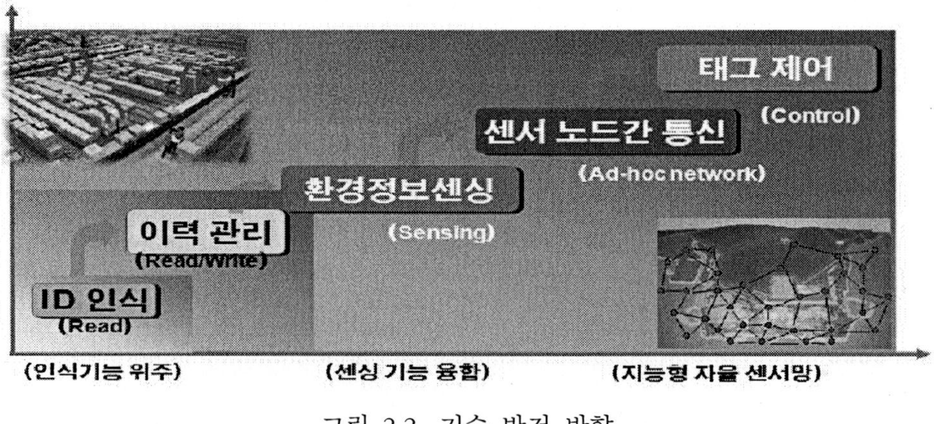

그림 2-2. 기술 발전 방향

2.2 USN 기술의 특징

(1) USN은 RFID/센서 필드 (Sensor Field)와 IPv6 기반의 광대역 통합망 (BcN)의 결합으로 이루어지는 네트워크이다.

(2) 여러 개의 센서 네트워크 영역이 게이트웨이를 통해 외부 네트워크에 연결되는 구조로 되어 있다.

(3) 센서 노드는 집적된 데이터를 가까운 싱크 노드 (Sink Node)를 거쳐 게이트웨이로 전송한다.

(4) 게이트웨이에서 관리자에게 전달되는 데이터는 위성통신, 유무선 인터넷 등을 통해 전송될 수 있으며, 이러한 접속망 (Access Network)은 기존의 인프라를 이용한다.

(5) 노드들이 조밀하게 분포 (실패 확률이 높음)하고 있으며, 브로드캐스트 방식의 통신 기반을 사용한다.

(6) 제한된 전력, 연산 능력, 메모리를 사용하며, 인접한 노드들이 유사한 데이터를 보유하면서, 데이터들을 모아서 전송한다.

2.3 USN 세부 기술

2.3.1 센서 및 센서 노드

(1) 센서 네트워크에서 외부의 변화를 감지하여 유비쿼터스 컴퓨팅의 입력장치 역할을 수행한다.

(2) 일반적으로 측정 대상물을 감지 또는 측정하여 그 측정량을 전기적인 신호로 변환하는 장치, 즉 물리량이나 화학량의 절대치나 변화, 소리, 빛, 전파의 강도를 감지하여 유용한 신호로 변환하는 소자 또는 장치를 의미한다.

(3) 농업, 공업, 서비스업 등 거의 모든 산업에 깊이 침투해 있으며, 환경 보전, 재해 방지, 교통, 의료, 가정생활에 있어서도 새로운 센서의 도입이 계속되고 있다.

(4) 물리 또는 환경계의 현상을 정량적으로 측정하는 반도체 기술을 바탕으로 하는 MEMS (Micro Electro Mechanical Systems) 기술이 기존의 기계식 센서를 일괄생산 공정이 가능한 초소형, 초경량 전자식 반도체 센서로 대체한다.

(5) USN의 다양한 응용 영역에 따라 조도, 열, 습도, 가속도, 진강도, 음향, 전자기, 위치 등과 같은 다양한 센서를 통합하여 사용 가능하다.

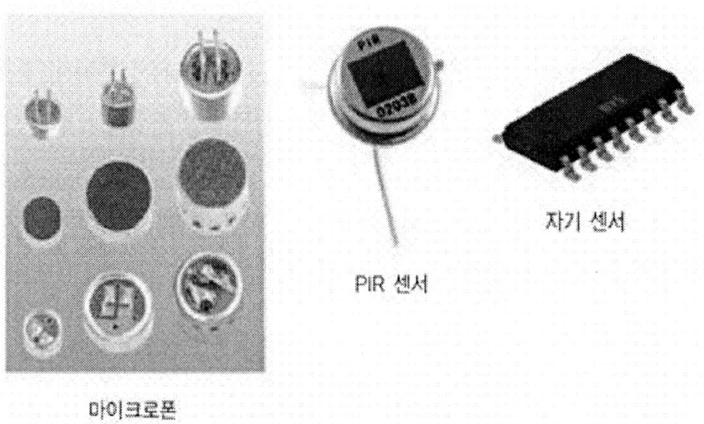

그림 2-3. 센서 종류

■ **센서 노드 (Sensor Node)**

(1) 환경, 물리계에서 센싱된 정보 또는 센서에 관련된 특정 이벤트를 유무선 통신 기술 기반으로 하여 전달하거나 컴퓨팅을 수행하는 센서, 프로세서, 통신소자, 전지 등으로 구성되는 시스템으로 데이터 처리, 통신경로 설정 등을 수행한다.

(2) 센싱을 위한 센서, 센싱된 아날로그 정보를 디지털 신호로 변환하기 위한 ADC (Analog to Digital Converter), 데이터 처리를 위한 프로세서와 메모리, 전원공급을 위한 배터리, 데이터 송수신을 위한 무선 송수신기 (Transceiver) 등으로 구성한다.

(3) 정해진 위치 또는 자동차, 비행기 등을 통해 무작위로 뿌려질 수도 있다.

(4) 기본적으로는 특정 위치에 고정되어 있지만, 자동차나 PDA, 노트북, 사람 등에 설치되어 이동하는 상태로 동작할 수도 있다.

- ▸ 단일 센서 노드: 온도, 조도, 위치 등을 센싱할 수 있는 센서노드
- ▸ 복합 센서 노드: 온도, 조도 등의 센서가 복합된 형태의 센서노드
- ▸ Private: 일부 단체에서 특정한 용도를 위해 설치하여 사용하는 센서노드로서 일반인들이 접근할 수 없는 형태의 센서노드
- ▸ Public: 정부 또는 공공기관 등이 설치하여 일반인들이 모두 접근할 수 있는 형태의 센서노드

■ **싱크 노드 (Sink Node)**

(1) 센서노드에서 감지된 센싱 데이터를 취합하거나, 이벤트성 데이터를 센서 네트워크 외부로 연계하고 관련 센서 네트워크를 관리하는 시스템이다.

(2) 대체로 하드웨어/소프트웨어적으로 센서 노드보다 역량이 큰 시스템을 지칭한다.

(3) 센서 네트워크 내의 각각의 센서 노드에서 센싱된 데이터는 싱크 노드에 의하여 수집되어 인터넷 등의 외부 네트워크를 통하여 사용자에게 제공한다.

(4) 싱크 노드는 센서 네트워크 내의 센서 노드들을 관리하고 제어한다. 뿐만 아

니라, 센서 노드들이 센싱한 데이터를 수집하고 외부 네트워크로의 게이트웨이 역할을 수행한다.

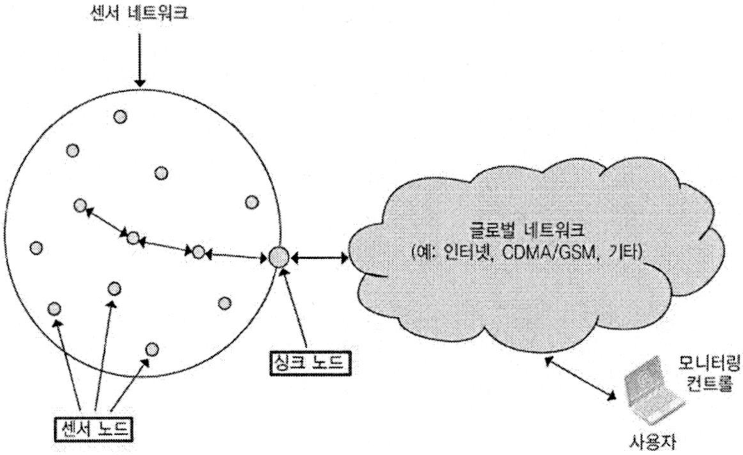

그림 2-4. 센서노드와 싱크노드

- **USN 게이트웨이**

(1) IP 기반으로 액세스할 수 있는 다양한 네트워크(LAN, WLAN, CDMA, WiBro, Satellite 등)를 통하여 USN 서비스를 제공할 수 있도록 IP 기반 네트워크와 센서 네트워크를 연계하는 시스템이다.

(2) 싱크노드와 기존의 서비스 네트워크 사이에 위치하며 필요에 따라 싱크노드가 게이트웨이 내에 구현되기도 한다.

2.3.2 센서 노드 하드웨어

■ **센서 노드 하드웨어 특징**

(1) 유지보수가 어려우므로 강인한 구조에 저전력으로 설계한다.

(2) 어떠한 구조에도 효과적으로 사용될 수 있도록 유연성과 모듈성을 갖추고 있다.

(3) 유비쿼터스 컴퓨팅 환경에 맞게 무선 네트워크 기술을 지원한다.

(4) 많은 센서노드가 산재되기 위해 가격이 저렴하고 크기가 작아야한다.

■ **센서 노드 주요 부품**

(1) 스마트 센서 노드에 들어가는 저전력 CPU의 경우 Atmel, ARM, Motolora 등에서 개발하고 있다.

(2) 센서 네트워크 노드를 위한 RF 모듈로는 IEEE 802.15.4 / 지그비(ZigBee)가 사실상 표준으로 사용되고 있다.

■ **센서 노드 운영체제 (TinyOS)**

(1) 이벤트 발생에 의한 상태 천이 방식을 채택한 state machine 기반으로 운영된다.

(2) Virtual Machine인 Bombillia, TinyDB 데이터베이스 엔진, TOSSIM 시뮬레이터, TinySec과 같은 보안(security) 모듈들을 모두 지원한다.

2.3.3 센서 네트워크 통신 기술

■ **UWB (IEEE 802.15.3a)**

(1) UWB 기술은 단거리 구간에서 낮은 전력으로 넓은 스펙트럼 주파수를 통해 많은 양의 디지털 데이터를 전송하는 새로운 무선 전송 기술이다.

(2) UWB는 Radar 응용분야와 통신 분야 응용으로 분류되며 최근에는 통신 분야 응용 개발 쪽으로 관심이 집중되고 있다.

(3) 500Mbps~1Gbps 높은 전송 속도를 가진다.

(4) 콘크리트, 암반 등 견고한 물질의 투과성이 높다.

(5) 반송파를 이용하지 않아 소형으로 저렴하게 제조 가능하다.

(6) 주기가 짧은 펄스의 특성을 이용해 수 cm 수준까지 정확한 위치 추적이 가능하다.

■ **지그비 (Zigbee, IEEE 802.15.4)**

(1) 유비쿼터스 센서 네트워크의 대안으로 활용되고 있다.

(2) 단순화(Low Complexity), 저렴한 가격(Low Cost), 저전력(Low Power Consumption)

(3) Low Data Rate(최대 250kbps), 블루투스(Bluetooth)보다 원가가 낮다.

(4) 수 만개의 제품 네트워크화가 가능하다.

■ **6LowPan (IPv6 over Low Power WPAN)**

(1) IPv6를 IEEE 802.15.4 기반으로 한 저전력 무선 네트워크이다.

(2) IEEE 802.15.4 MAC 계층과 IPv6 계층 사이에 Adaptation Layer를 두어 아래와 같은 기능을 제공한다.

- ▶ IPv6 Header Compression
- ▶ UDP/TCP/ICMPv6 Header Compression
- ▶ Adaptation Layer를 통한 Mesh Routing
- ▶ IEEE 802.15.4의 16/ 64비트 주소를 이용한 IPv6 주소 자동 생성 방법 사용

2.3.4 센서 네트워크 라우팅 프로토콜

■ **센서 네트워크 라우팅의 특징**

(1) 무선 네트워크 인터페이스의 전송거리 한계로 무선 센서노드들끼리 직접 통신할 수 없는 상황이 존재한다.

(2) 각각의 무선 센서노드는 호스트뿐만 아니라 패킷을 포워딩해주는 라우터의 역할도 수행해야 한다.

(3) 센서 네트워크에서는 네트워크 자원이 부족하고 토폴로지도 호스트들의 이동성에 의해 자주 변화 상황을 고려할 필요가 있다.

■ **Proactive (Table-driven)**

(1) 미리 라우팅 정보를 교환하여 응용의 패킷을 라우팅하는 기술이다.

(2) 주기적으로 라우팅 메시지를 교환한다.

▶ 장점: 라우팅 지연 없이 데이터 패킷을 바로 전송

▶ 단점: 제어 오버헤드로 인한 대역폭 낭비가 발생한다.

▶ DSDV, OLSR, TBRPF, CGSR, WRP

■ **Reactive (Demand-driven)**

(1) 응용의 패킷이 전송될 때 마다 수신자로 도달하기 위한 라우팅 정보를 수집하는 라우팅 기술이다.

(2) 라우터 요구가 있을 때 라우팅 메시지를 교환한다.

▶ 장점: 제어로 인한 부하 (Control overhead)가 적다

▶ 단점: 첫 번째 패킷을 전송하기 전에 지연이 있다

▶ AODV , DSR , LMR , TORA , ABR , SSR

2.3.5 USN 미들웨어

이기종 센서 네트워크로부터 수집한 센싱 데이터를 필터링/통합/분석하여 의미 있는 상황정보를 추출/저장/관리/검색하고, 응용서비스로 전달 및 서비스 간 연계/통합하는 역할을 담당한다.

■ **USN 미들웨어 필요성**

(1) USN 미들웨어가 없이 솔루션을 구축하였을 경우 공통된 문제점이 발생한다.

- ▶ 일관된 u-센서 ID 및 관리 체계의 부재가 존재한다.
- ▶ u-센서 프로파일(센서 설치 위치, 센서 기능, 측정 주기 등의 메타 데이터)의 불일치가 발생한다.
- ▶ 센싱 데이터(측정치) 및 전송 데이터 형식의 불일치가 존재한다.
- ▶ 통신 프로토콜이 상이한 경우가 발생한다.

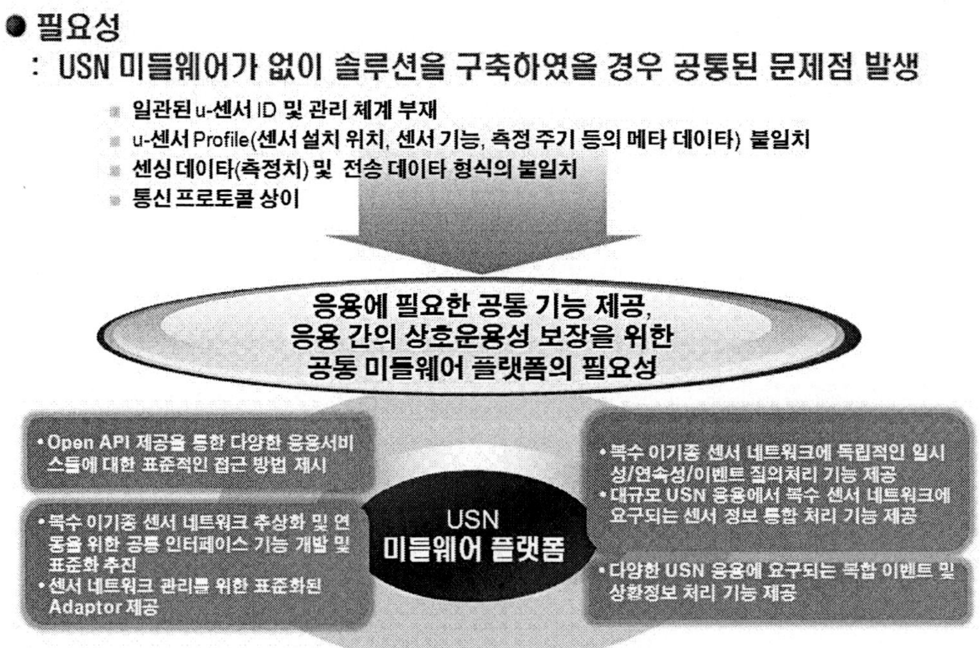

그림 2-5. USN 미들웨어의 필요성

■ USN 미들웨어 구성

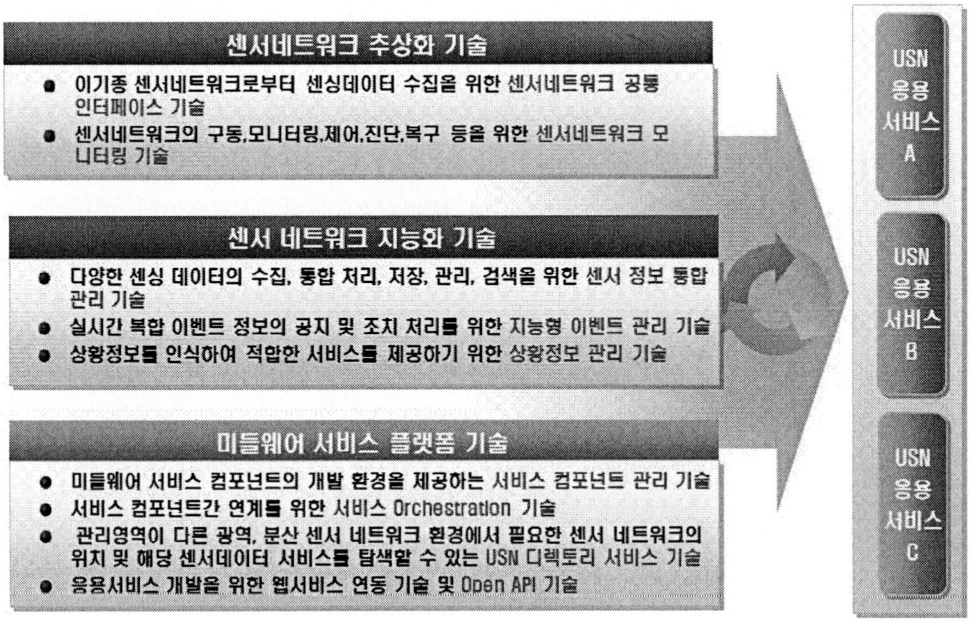

그림 2-6. USN 미들웨어의 구성

■ USN 미들웨어 정의

(1) 센서 네트워크와 연동되는 모든 자원을 관리 제어 모니터링하는 미들웨어 이다.

(2) RFID 미들웨어를 좀 더 광범위한 범위로 확대 적용한 미들웨어로써 현재 최신 표준 스펙을 적용하고 메타 데이터 관리기능, 데이터 수집과 관련한 통합 질의 컴포넌트 등의 다양한 분산 컴포넌트 기반 서비스를 제공한다.

(2) 질의 형식의 인터페이스를 통하여 연동하여 필요한 정보를 사용자가 원하는 방식으로 획득할 수 있고, 다양한 센서 네트워크를 손쉽게 연동/제어하는 기능과 네트워크에서 필수적으로 구현되어야 하는 지능화 처리 부분을 지원하는 소프트웨어 플랫폼이다.

■ USN 미들웨어 기능

(1) 센서네트워크 추상화 및 관리

▶ 통합 센서 네트워크 인터페이스 : 다양한 센서 네트워크와 광역적인 센서노

드를 제어, 관리할 수 있고 그 센싱 정보를 얻어 올 수 있는 인터페이스와 추상 어뎁터 기술이다.

- 센서 네트워크를 메타 데이터 개념으로 관리 및 제어

▶ 이기종 복수 센서 네트워크의 원격 모니터링, 설정, 제어 기능을 수행한다.

(2) 지능화된 센서 네트워크 관리

▶ 센서 정보를 수집하고, 그 수집된 데이터를 기반으로 데이터 마이닝, 지능형이벤트 처리 기술들을 도입 및 처리 할 수 있는 기능을 수행한다.

(3) 애플리케이션과의 연계

▶ WSN, RFID 및 IP-USN 등의 USN 인프라 연동을 제공하고, 응용에 대한 지능화 서비스를 지원하는 역할을 수행한다.

■ **USN 미들웨어 구조**

(1) 다양한 USN 응용서비스에 필요한 표준화된 공통 기능을 제공하는 소프트웨어 플랫폼이다.

(2) 센서 네트워크에 대한 독립성과 응용서비스 지능화, 광역 USN 응용을 위한 상호 운용성을 보장한다.

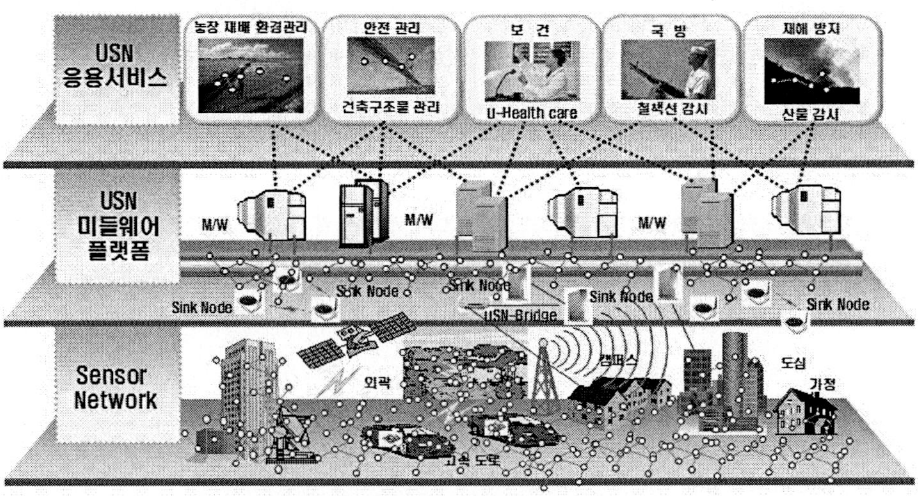

그림 2-7. USN 미들웨어의 구조

2.4 USN 표준화

■ **ISO/IEC JTC1/SC27**

(1) SC27 위원회는 정보보호기술의 표준화를 담당하는 조직이다.

(2) ISO(국제표준화기구)와 IEC(국제전기표준회의)가 공동으로 정보처리 관련 기술 위원회 JTC1(ISO/IEC 합동기술위원회)를 운영한다.

(3) SC27은 그 JTC1 산하에 속해 활동 중이다.

(4) 센서 노드에 적용 가능한 보안 기술 표준안 개발을 진행 중이다.

■ **OMA(Open Mobile Alliance) 보안 Working Group**

(1) OMA 범위 내 모바일 단말, 서버 등 관련된 엔티티에 적용하기 위한 적절한 보안 메커니즘, 기능과 서비스를 정의한다.

(2) 트랜스포트/어플리케이션 계층에서 모바일 단말과 서버간의 통신 보안을 위한 프로토콜을 정의한다.

(3) 단말과 서버에서 제공되어야 하는 인증, 보안, 접속 등에 관련된 보안과 상호 인증 서비스를 정의한다.

표준화 단체명	표준화 단체설명
ISO/IEC JTC1/SC31	• ISO/IEC의 합동 기술 위원회인 JTC1의 RFID 기술 표준화 작업을 진행한다. • 바코드 및 RFID를 포함하여 자동식별 및 데이터 수집 기술에 대한 표준화 작업을 수행한다. • UHF 대역의 무선접속 프로토콜(Type A, Type B, Type C), 433MHz 대역의 무선접속 프로토콜 등 태그, 리더기와 관련한 표준화를 진행한다.

	• RFID 칩 또는 태그 제조사에게 부여되는 고유 식별자, 자동 인식 기술에서의 사물 식별자 체계와 같은 RFID 코드체계이다. • 센서 노드에 적용 가능한 보안 기술 표준안 개발 중이다.
EPCglobal Inc	• 산업계의 자발적인 RFID 규격 단체로서 EPCglobal은 사실상의 산업계 표준화를 주도하고 있다. • 미국의 MIT를 중심으로 북미지역코드관리기관(UCC), 미국방성(DoD), Gillette, P&G등 100개 기관들이 협력하여 Auto-ID 센터를 설립하고 RFID 기술 연구를 시작하였다. • 비즈니스 추진 위원회(BSC)에서는 소비재 상품, 의약품의 물류, 유통에 관한 비즈니스 모델 및 요구사항을 정리한다. • 기술 활성화를 목적으로 하는 기술 추진 위원회(TSC)에서는 하드웨어와 소프트웨어에 대한 세부 구성요소에 대한 규격을 제정하는 역할을 수행한다. • 개인정보 보호 및 공공정책 등에 대한 가이드라인을 마련하기 위한 공공정책 추진 위원회(PPSC)가 활동 중이다.
IEEE	• 디바이스 또는 네트워크 간의 연결 인터페이스 표준화를 진행하고 있다. • LR-WPAN, 블루투스, WLAN, Mesh 네트워크와 같은 USN의 무선접속 프로토콜에 관한 표준화를 담당한다. • LR-WAN 및 HR-WPAN에서의 Mesh 네트워킹을 위한 MAC 및 네트워크 계층 기술을 표준화한다.
W3C	• USN와 관련된 표준화를 별도로 추진하지는 않지만 XML 1.0과 웹 서비스 2.0은 USN 콘텐츠의 표현에 적합하다. • WSDL은 웹서비스를 표현하기 위한 규격이다.

2.5 USN 사업화

2.5.1 미국

(1) DARPA 프로젝트 (1997년)의 지원으로 UC Berkeley, UCLA 등 대학 중심 연구가 활발히 진행 중이다.

(2) UC Berkeley는 Tiny OS 및 계층화된 Mote (WeC, Mica, Imote 등) 개발 및 확산하고 있다.

(3) Golden Gate 구조 진단, 환경 감시, 생태계 연구, 군사 분야 등 다양한 응용 연구를 진행하고 있다.

(4) NASA/JPL (Jet Propulsion Lab)은 Sensor Web을 여러 지역에 설치하여 환경 감시에 활용할 수 있다.

Mote	WeC	mica2	iMote	Telos
Released	1999	2003	2003	2003
Clock	4MHz	7MHz	12MHz	20MHz
CPU	ATmel	ATmel	ARM	Motorola
Flash (code, KB)	8	128	512	60
RAM (KB)	0.5	4	64	4
Radio (kBaud)	10	40	460	250
Radio Type	RFM	ChipCon	Zeevo BT	ZigBee

그림 2-8. USN 사업화 (미국)

2.5.2 일본

(1) UID 센터는 T-engine 포럼을 구성하여 산업계 중심으로 다단계 임베디드 시스템 체계의 개발 및 확산 과제를 진행하고 있다.

(2) 일본의 MIC는 u-Japan 전략의 일환으로 USN 기술 개발을 착수 하였다. (2004~2007년)

▶ 유비쿼터스 네트워크 기술, RFID 적용 기술 및 유비쿼터스 센서 네트워크 기술

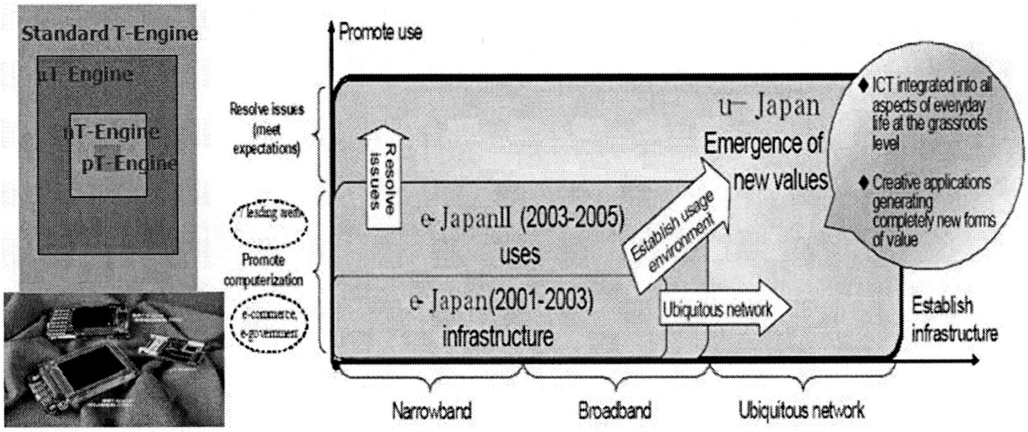

그림 2-9. USN 사업화 (일본)

2.5.3 국내

(1) ETRI는 센서 플랫폼용 OS인 나노 Qplus 개발 (2005년)

(2) 삼성, ETRI, KETI, 옥타콤, RadioPulse, Maxfor는 WPAN 및 지그비 등 관련 기반 기술을 확보하고 있다.

(3) ETRI는 센서 태그, 센서 노드 및 네트워킹 기술 개발을 착수하였다.

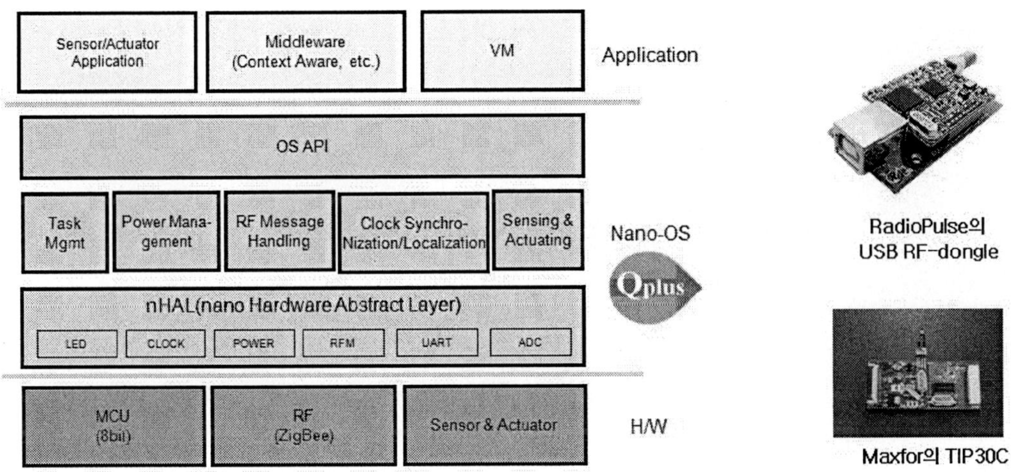

그림 2-10. USN 사업화 (국내)

■ Sensor Web

(1) 1997년 NASA/JPL (Jet Propulsion Lab)에서 시작하였다.

(2) 센서 노드 플랫폼 형성, 데이터 수집/처리하여 지능적 환경 대처 또는 적응이 목적으로 하고 있다.

(3) 많은 수의 센서 플랫폼이 요소 시스템으로 구성된 대규모 인프라 시스템이다.

(4) 센서 플랫폼은 위성과 육상으로 연결되고, 고정 및 이동성을 제공한다.

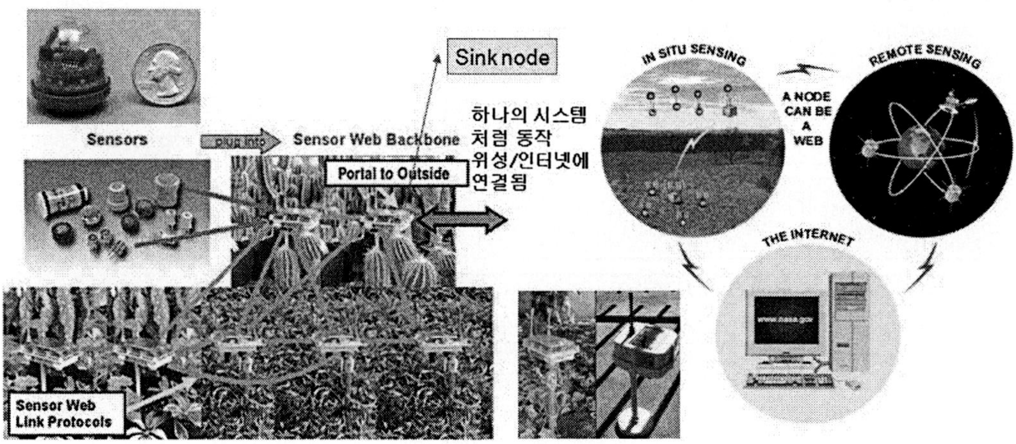

그림 2-11. Sensor Web

■ **스마트 오피스/ 빌딩관리 시스템**

(1) 쾌적한 환경, 효율적인 에너지 사용, 구조물의 안전 등과 관련된 정보를 수집한다.

(2) 침입 및 화재와 같은 긴급 상황으로 판단 시 관련 기관에 위험 정보를 전달하여 피해를 미연에 방지하는데 목적이 있다.

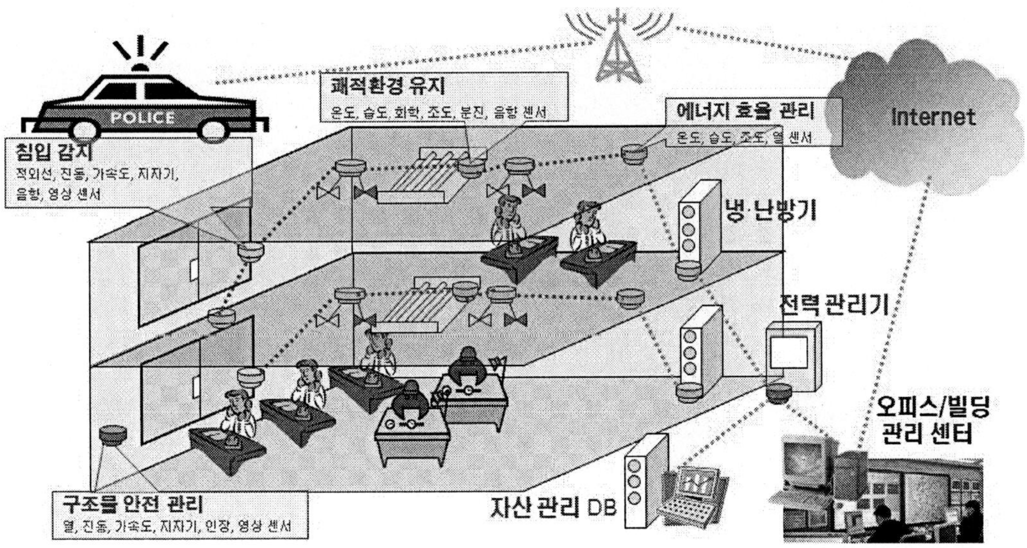

그림 2-12. 빌딩 관리

■ **구조물 진단 시스템**

(1) 교통량, 바람 등에 의한 교량의 진동, 온도, 지반, 수위(강), 기상이변 등의 정보를 수집한다.

(2) 구조물 진단 결과가 긴급상황으로 판단될 경우, 재해 관리 기관에 정보를 전달하여 재난을 방지한다.

그림 2-13. 구조물 진단

■ **환경/생태 감시 시스템**

(1) 태양광선, 공기오염, 생태계, 환경재해, 토양 및 수질오염 등에 관련된 정보를 수집한다.

(2) 환경 및 생태 감시 결과가 긴급으로 판단될 경우, 환경 및 재해 관리 기관에 정보를 전달하여 환경오염을 방지한다.

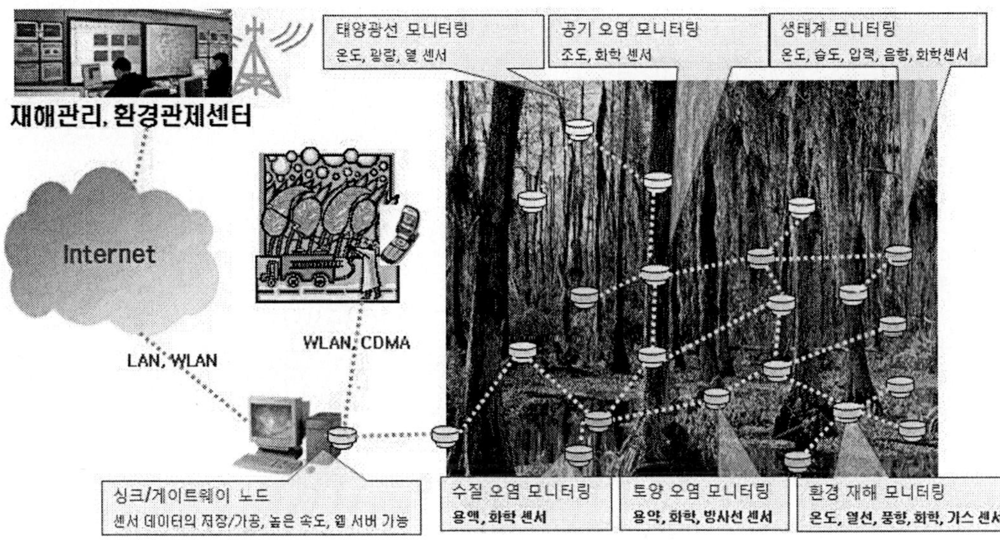

그림 2-14. 환경 감시 시스템

■ **화재 및 수재 감시 및 진압 시스템**

(1) 화재 및 수재 발생 또는 다발 지역에 온도, 화학, 음향, 가스, 연상 센서 노드를 살포하여 USN 인프라 시스템을 구축한다.

(2) 화재 및 수재 상황을 나타내는 각종 센싱 정보를 수집한다.

(3) 환경 및 재해 관리 기관에 전달, 분석, 재난을 최소화 또는 재난의 확산을 미연에 방지하는데 목적이 있다.

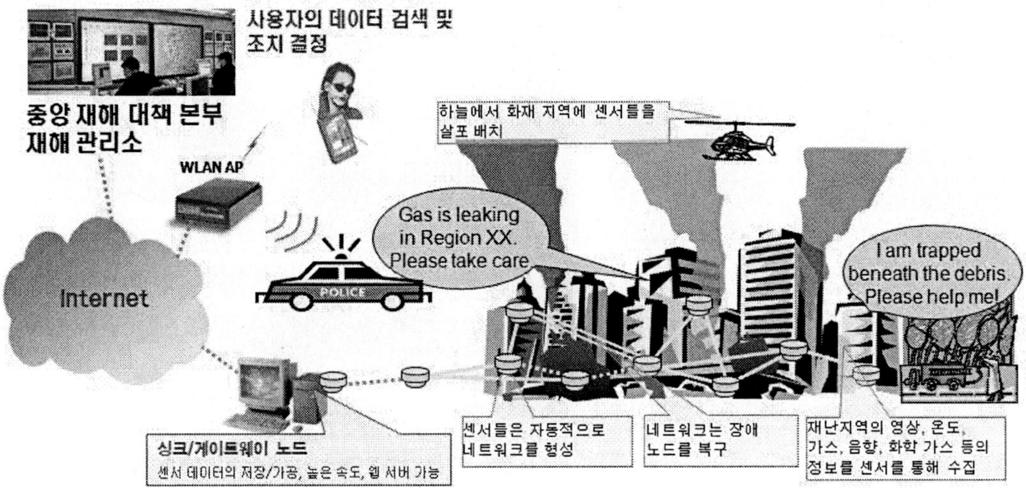

그림 2-15. 화재 감시 시스템

■ **농작물 관리 시스템**

(1) 농경지 강수 상태, 온도, 수위(논), 기상이변(우박, 홍수) 등의 생태 정보를 수집한다.

(2) 긴급 상황에는 관리자, 재배자 및 관련 기관에 정보 전달한다.

(3) 일조량, 비료 화학 성분, 수자원 공급 감시에 의한 농작물 작황 정보를 관리하는데 목적이 있다.

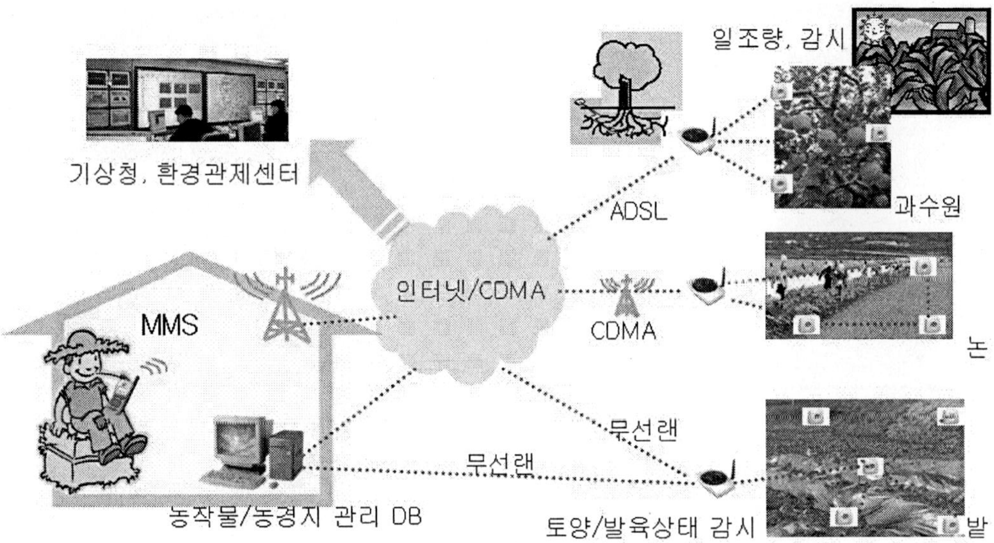

그림 2-16. 농작물 관리 시스템

■ **하천 수질 정보 시스템**

(1) USN 기술로 실시간 대전의 3대 하천 수질 정보 수집 및 통보 체계 구축한다.

(2) USN, 지그비, 센서 노드, 싱크 노드, 중계 노드, 센싱정보 처리, TCP/IP 변환, USN 미들웨어로 구성되어 있다.

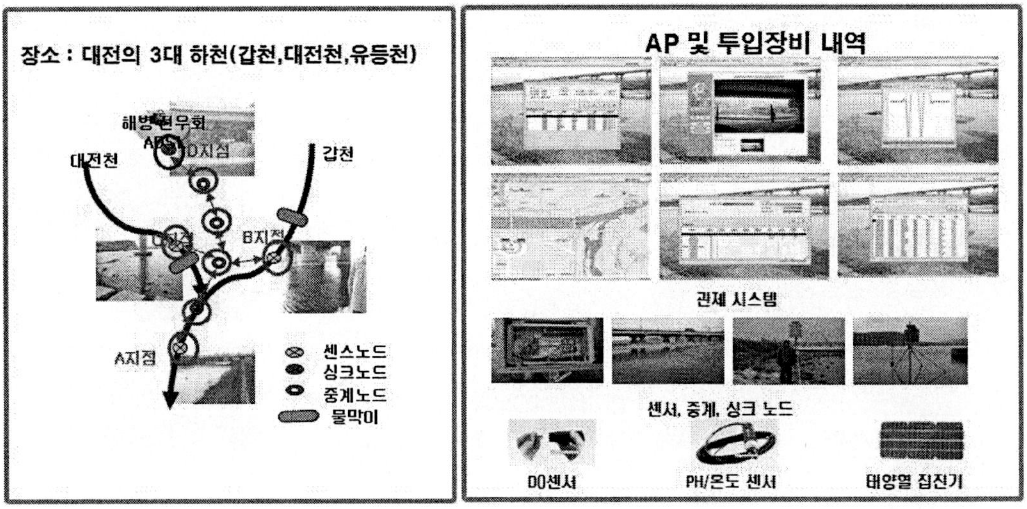

그림 2-17. 하천 수질 정보 시스템

■ **공장 자동화 시스템**

(1) 지그비를 통해서 획득한 생산 공장에 설치된 각종 센서들의 정보를 USN 미들웨어에서 가공 및 분석 처리한다.

(2) 상황인식 기반(Context-Aware) 생산 자동화 처리 시스템에 연계하여 공장 자동화 시스템을 운영한다.

- ▸ 온도 및 습도 센서를 통한 생산 환경의 최적 온도 모니터링 서비스를 제공한다.
- ▸ 동작 센서를 통한 실시간 생산량 현황 모니터링 서비스를 제공한다.
- ▸ 모니터링을 통한 생산 공정 라인 자동 제어 서비스를 제공한다.

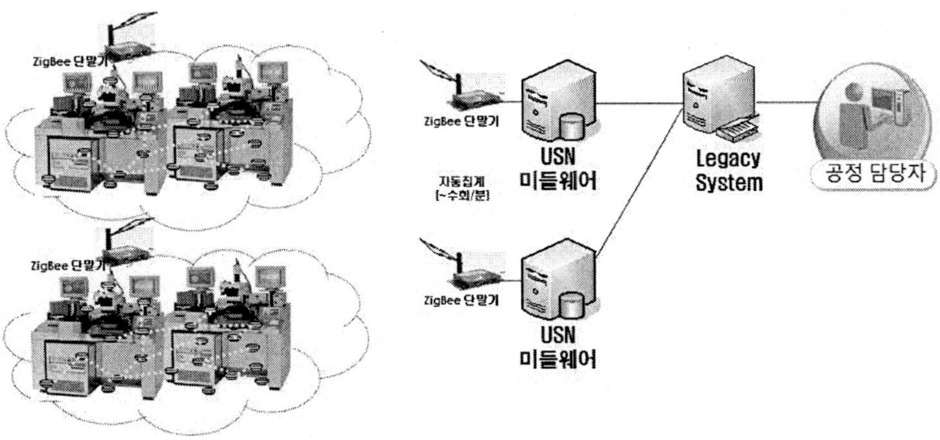

그림 2-18. 공장 자동화 시스템

03

RTLS 기술

3.1 RTLS 기술의 개요

RTLS (Real-Time Locating System)은 대상물의 존재여부 및 식별 코드뿐만 아니라 위치까지 파악하며, 자산이나 사람의 위치에 대한 지속적인 실시간 모니터링이 가능한 실시간 위치 인식 기반 기술이다.

RTLS란 RFID 태그가 부착된 사람이나 사물의 위치를 실시간으로 확인하기 위한 기법으로, ANSI/INCITS 371을 기초로 하여 국제 표준인 ISO/IEC 24730에서 제정 중에 있다.

ANSI/INCITS 371은 RTLS의 전체적인 구조와 무선 인터페이스 프로토콜, 사용 기법 등에 대해 정의하고 있다.

ANSI 371-1, 371-2에서는 각각 2.4GHz와 433MHz의 태그-리더간의 무선 인터페이스 프로토콜이 정의되어 있으며, 무선 통신에서의 사용 기법과 태그의 위치 확인 기법, 그리고 메시지 포맷 등이 명시되어 있다. 그리고 ANSI 371-3에서는 RTLS 서버와 클라이언트 응용간의 통신에서 접근이나 요청 등의 작업을 수행할 수 있는 API(Application Programming Interface)를 정의하고 있다.

■ **RTLS 용어 정의**

(1) LBS (Location-Based Service): 이동 통신망과 정보 기술 (IT)을 종합적으로 활용한 위치 정보 기반의 시스템 서비스. 최근 들어 IMT-2000 및 지능형 교통 시스템 (ITS) 등 이동 통신망의 고도화에 따라 교통, 물류, 전자 상거래 등의 분야에서 각광받기 시작한 기술이다.

(2) LOS (Line of Sight): 지상의 두 지점간에 존재하는 직접 자유 공간 경로. 무선 전송에서는 송신 안테나와 수신 안테나간의 경로가 가시선상에 있는 것을 말하며, 실제로는 눈으로 보이는 경로로서 중간에 장애물이 없어야 하며, 장애물이 있는 경우에는 상대 지점이 보이도록 높은 지점을 선택해야 한다.

(3) 능동형 RFID 태그 (Active RFID Tag): 자체적으로 내부 밧데리 및 송신장치를 내장하고 있어 스스로 송신할 수 있는 RF 단말장치로써 리더의 필요전력을 줄이고 리더와의 인식거리를 멀리 할 수 있는 장점이 있으나, 전원공급장치를 필요로 하기 때문에 작동 시간의 제한을 받는다.

(4) RFID 리더 (Reader, Interrogator): RFID 태그에서 보내는 정보를 읽어내는 판독기능을 수행하는 장치로써 하나의 리더는 다수의 태그를 관리할 수 있으며, 전파 방식을 이용하여 RFID 태그와 통신한다.

(5) 로케이션 리시버 (LR): RFID 리더 중 2.45GHz대역의 리더로 위치정보 인식을 위한 장치로 액티브 태그와 통신한다.

(6) Mesh 네트워크: 기존의 점대점, 점대다의 무선 통신 방식과 달리, 유선망의 MESH형태의 네트워크 구조를 무선망에서도 같은 구조를 가짐으로 망의 신뢰도 및 적은 출력을 이용한 무선망의 확장 등의 장점을 가진 기술로써, 망의 확장성, 신뢰성, 이동성 측면에서 장점을 가지고 있으며, 차세대 이동통신, 홈 네트워킹, 공공안전과 같은 특수 목적 네트워크 등 다양한 분야에서 활용 될 수 있다.

(7) 게이트웨이 (Gateway): IP 기반으로 액세스할 수 있는 다양한 네트워크 (LAN, WLAN, CDMA, WiBro, 위성 등)를 통하여 USN 서비스를 제공할 수 있도록 IP 기반 네트워크와 센서 네트워크를 연계하는 시스템이다.

3.2 RTLS 기술의 특징

■ **위치 추정 과정**

(1) 위치추정 과정은 위치정보 수집(Measuring), 위치정보 변환(Converting), 필터링(Filtering), 위치값 계산(Determination), 그리고 스무딩(Smoothing)의 5 단계를 통해 이루어진다.

(2) 이 중에서 위치정보 수집, 위치정보 변환, 그리고 위치 값 계산 과정은 반드시 포함되어야 하지만, 필터링 및 스무딩 과정은 포함되지 않을 수 있다.

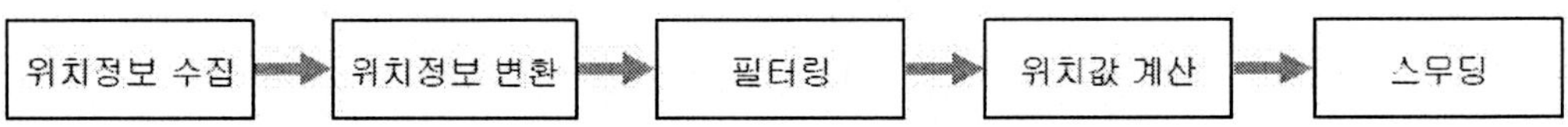

그림 3-1. RTLS 위치 추정 과정

■ **RTLS 기술 측위 정확도**

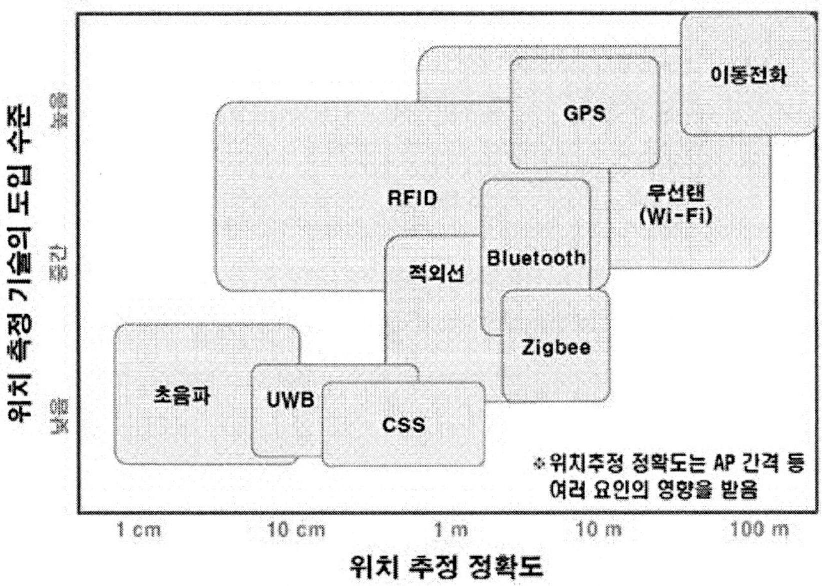

그림 3-2. RTLS 기술 측위 정확도

Active RFID (2.4Ghz)	장점	• 넓은 지역을 커버(LR 1개당 LOS환경에서 200m) 하고, 실시간 위치 추적이 가능하기 때문에, 운동량 측정 등 다양한 응용이 가능하다. • 태그는 양방향 통신이 가능하기 때문에, 운동 상태에 따라서 이용객에게 알람 (진동, 버저음) 서비스 제공이 가능하다.
	단점	• 태그의 밧데리 교환이 필요하다. (Beacon 주기 5분일 경우 2년 사용) • 태그의 비용이 높다.
지그비	장점	• 가정, 사무실 등의 무선네트워킹 분야에서 10~30cm 내외의 근거리 통신 서비스를 지원한다. • 초소형, 저전력, 저가격 시장에 적합하여 자동화(제어)분야에서 강점을 가진다.
	단점	• 낮은 속도의 데이터 전송에 활용되는 제약이 있다. • 삼각 측량 방식으로 위치를 측정하는 것이 아니라, 읽은 리더기의 위치로 위치를 파악하기 때문에, 위치 정확도가 매우 낮다.
UWB (IR-UWB)	장점	• 실내 및 음영 지역에서 1m이내의 정확도의 거리 정보를 제공하고, 동시에 저속 통신이 가능하다.
	단점	• 현재 연구 개발 단계이며 상용 솔루션의 검증이 안 되고 있다. • 국내외 주파수 인증의 이슈화가 존재한다.
GPS	장점	• 별도의 리더기를 설치하지 않고, 기존의 인프라(인공위성) 활용이 가능하다.
	단점	• 실내에서 위치 측정이 불가능하다. • 실외에서 평균 30m로 위치 정확도가 낮다. • 태그의 밧데리 소모가 많이 발생한다.

■ 위치 추적 알고리즘

기술	특징
TOA	• Network Synchronization 필요 • User Clock Bias (공통 오차) • Distance 측정값 이용 • Circular Line-of-position • 2D positioning: 3개 이상 측정값 필요
TDOA	• Network synchronization 필요 • User Clock Bias 제거 • Distance Difference 측정값 이용 • Hyperbolic Line-of-position • 2D positioning: 3개 이상 측정값 필요
AOA	• Network synchronization 불필요: 입사각 측정을 위한 배열 안테나 필요 • Calculation of direction • 2D positioning: 2개 이상 측정값 필요
RSS	• Network synchronization 불필요: 수신신호의 세기를 거리로 변환하기 위한 전파감쇄 모델 필요 • Model-based method: Circular Line-of-position • 2D positioning: 2개 이상 측정값 필요

■ **위치 추적 계산 알고리즘**

기술	특징
Iterative Least Square Algorithm	• 비선형 TDOA 방정식을 Nominal Point에 대한 Taylor series를 이용하여 선형화하고 반복적인 Least Square를 이용하여 위치정보 추정 • 일반적으로 수회 이내에 수렴
Maximum Likelihood Algorithm	• Likelihood ratio를 최대로 하는 즉, 측정값과 가장 확실한 값(최확값)과의 차에 대한 공분산을 최소로 하는 비용함수를 이용하는 추정방법 • 1994년 Chan과 Ho가 제안한 알고리즘이 가장 일반적으로 사용되며, 2006년 Chan과 Ho가 AML 방법 세안
Closed-Form Algorithm	• Closed-Form 형태의 알고리즘은 ILS, ML 알고리즘에 비하여 일반적으로 연산량이 작고, 비교적 정확한 위치정보 추정
Kalman Filter Algorithm	• Extended Kalman Filter 방식 또는 Two-stage 형태의 선형 Kalman Filter 이용 가능 • 이동체의 동적 특성을 정확히 아는 경우 또는 개선된 위치정보 제공이 가능하나 상이한 경우에는 오히려 위치 추정의 성능이 저하될 수 있음

3.3 RTLS 세부 기술

3.3.1 위치 정보 수집 및 계산

■ **위치 정보 수집**

(1) 인프라 및 네트워크 기반 위치정보 수집 방식: 위치 단말기가 주기적으로 전송하는 비콘 신호를 서버로 전송하여 위치 값을 계산하는 방식이다.

(2) 단말기 및 클라이언트 기반 위치정보 수집 방식: AP들이 주기적으로 전송하는 비콘 신호를 위치 단말기가 수신하여 직접 위치 값을 계산하거나 서버로 전송하여 위치 값을 계산하는 방식이다.

구분	인프라 및 네트워크 기반 위치정보 수집	단말기 및 클라이언트 기반 위치정보 수집
장점	• 위치 단말기가 비콘 신호를 주기적으로 전송하기만 하면 되므로, 위치 단말기의 회로가 간단하며 전력 소모가 적다. • 비콘 신호 전송 주기를 소화 할 수 있다.	• 위치 단말기에서 실시간으로 자신의 위치 값을 계산할 수 있다. • 무선랜(Wi-Fi)의 경우 상용 AP를 그대로 사용하는 것이 가능하다.
단점	• 위치 단말기의 비콘 신호를 위치계산 서버로 전송하기 위한 전용 AP 장치를 사용해야 하므로 별도의 인프라 구축이 필요하다. • 시간 동기를 필요로 한다.	• 위치 단말기가 수신된 AP/Beacon 정보를 처리할 수 있는 기능을 가지고 있어야 한다. • 위치 정보의 전송 주기를 짧게하는 것이 어렵다. • 전력 소모가 크다.

■ 삼각 측량법을 이용한 위치 정보 계산

이미 알려진 기준점들과의 거리값을 이용하여 물체의 좌표를 계산하는 방식이다.

(1) 삼각측량법은 간단한 기하학적인 방법으로 RTLS 시스템에서는 2차원 평면상에서 이동하는 개체의 실시간 위치를 추정하는데 가장 보편적으로 사용되는 방법이다.

(2) 2차원 평면상 (이하 2차원 평면만을 가정한다.)에서 이동하는 개체의 실시간 위치를 추정하기 위해서는 최소 3개 이상의 기준점이 필요하다.

(3) 이런 기준점을 AP1, AP2, AP3라고 하고, 아래 그림에 보이는 것처럼 각 AP의 좌표를 (x1 , y1),(x2 , y2), (x3 , y3)라고 하자.

(4) 이동하는 개체를 M으로 나타내고, 현재의 위치가 (x , y)라고 하자.

(5) 또한, 이동 개체 M으로부터 세 개의 기준점까지의 거리를 d1 , d2 , d3라고 하자.

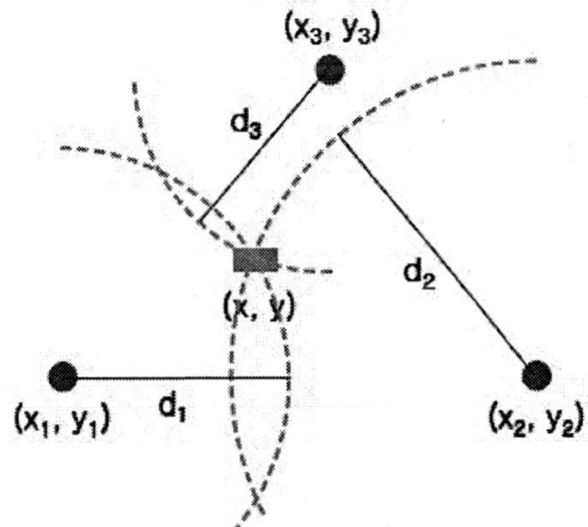

그림 3-3. 삼각 측량법

(6) 이동 개체 M으로부터 각 기준점 사이의 거리는 피타고라스 정리에 의해 간단히 계산될 수 있다.

(7) 즉, 여기서, d1 , d2 , d3의 값은 다양한 방식에 의해 얻어질 수 있다.

▶ 예를 들어, 수신 신호의 세기 (RSSI)와의 관계를 이용해서 구할 수도 있으

며, 도착 시간 (TOA) 혹은 도착 시간차 (TDOA) 등을 이용해서도 구할 수 있다.

▶ 따라서, 이곳에서는 d1 , d2 , d3의 값을 알고 있다고 가정한다. 또한, 세 기준점의 좌표값도 알고 있기 때문에, 이동 개체의 현재 위치인 (x , y) 의 값은 위의 식(1) ~식(3) 을 이용해서 구할 수 있다.

$$d_1^2 = (x - x_1)^2 + (y - y_1)^2 \quad (1)$$

$$d_2^2 = (x - x_2)^2 + (y - y_2)^2 \quad (2)$$

$$d_3^2 = (x - x_3)^2 + (y - y_3)^2 \quad (3)$$

■ **TDOA 방식** (Time Differences Of Arrival)

(1) 서로 다른 곳에서 송신한 신호를 위치를 알려고 하는 곳에서 수신하면 두 신호는 각각 다른 시간에 도착하게 되는데 이 상대적인 차를 측정하여 결정하는 방식이다.

(2) 기본원리는 두 기지국에서 거리의 차에 비례하는 전파 도달 시간차를 측정한다.

(3) 두 기지국에서 거리가 일정한 곳, 즉 두 기지국을 초점으로 하는 쌍곡선 위에 수신기가 위치하게 되는 것을 이용한다.

(4) TDOA 방식 적용 시 안테나의 배치 유의점

▶ TDOA 설치는 더 나은 다중경로를 위해 다양한 안테나를 사용한다.

▶ 안테나가 벽이나 다른 구조물에 의해 가려져서는 안된다.

▶ 궤도 자산 표면을 고려해야 한다.

■ **핑거프인팅(Fingerprinting) 방식을 이용한 위치 정보 계산**

(1) 사전에 전파 특성 값을 측정하여 라디오 맵을 작성한다.

(2) 현재 측정된 특성 값과 비교하여 위치 결정하는 방식이다.

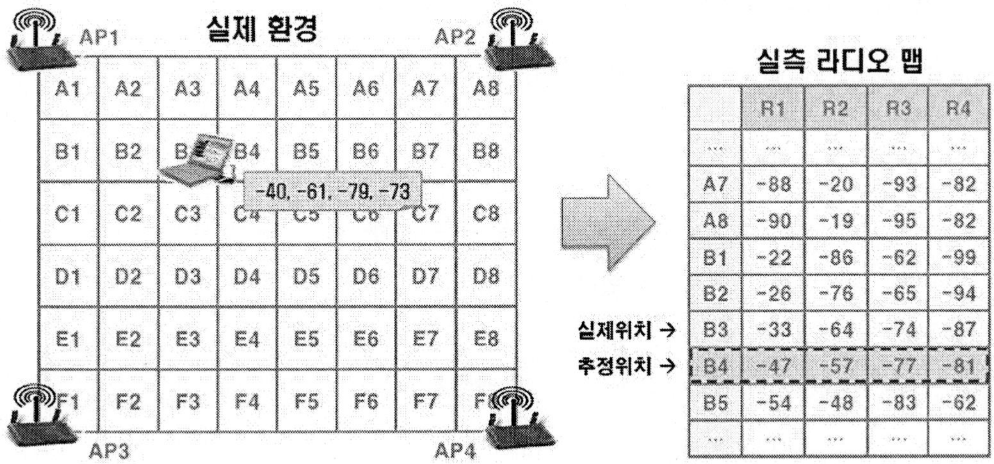

그림 3-4. 핑거프린팅 방법

■ **거리 측정 방법**

(1) RSSI (Received Signal Strength Intensity) 방식: 수신 신호의 세기 이용

(2) TOF (Time of Flight), TOA 방식: 신호가 장치 사이에서 전달되는데 걸린 시간 이용

(3) TDOF (Time Difference of Flight), TDOA 방식: 전파의 비행시간의 차이 이용

(4) AOA (Angle of Arrival) 방식: 전파의 도착 각도 이용

(5) POA (Phase of Arrival) 방식: 전파의 도착 위상 이용

TDOA	RSSI
• 시간차를 이용하기 때문에 원거리 측정 가능 • 각 AP간의 시간 동기화가 중요 실외, 장애물이 없는 상황에서 유리	• 일정거리 이상이 될 경우 신호의 세기로 거리판별 불가 • 실내, 벽으로 둘러쌓인 환경(병원, 유통센터)유리

3.3.2 RTLS 소프트웨어

(1) RTLS기반의 해운대 미아찾기 서비스는 기본적으로 2.4GHz 대역을 기본으로 지원하나 다른 주파수 대역에서도 인터페이스 모듈을 제외하고는 변경 없이 동작할 수 있도록 한다.
(2) 전체 구성은 RTLS 하드웨어를 제외하고는 크게 위치 추적 서버와 미아 찾기 운용 시스템으로 나눌 수 있다.
(3) 미아 찾기 운용 시스템은 다시 응용 UI와 미아 찾기 서버로 나누어진다.
(4) 위치 추적 서버는 RTLS 리시버 및 태그를 통해 위치를 계산하고 상위 응용 서버 혹은 클라이언트에게 통보 하는 기능 등을 제공하며, 위치 추적 서버는 서비스 영역이 넓거나, 운용 태그가 많을 경우 여러 개를 둘 수 있으며 운용 시스템에서 서비스 제공자 별로 위치 서비스를 차별화하여 제공할 수 있다.

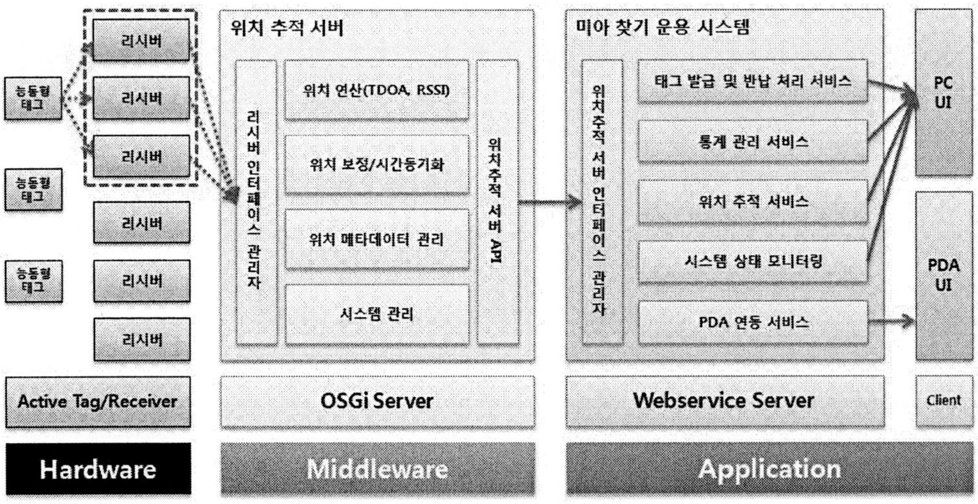

그림 3-5. RTLS 시스템 구성

구분	모듈	요구사항
응용 서버	위치 추적 서버 인터페이스 관리자	• ISO/IEC 24730-1 XML 인터페이스 지원 • 위치추적 서버 API 인터페이스 지원 • 위치추적 서버 연결 관리 기능
	태그 발급 및 반납 처리 서비스	• 보호자 정보등록/수정/삭제/조회 기능 • 피보호자 정보등록/수정/삭제/조회 기능 • 보호자 정보와 태그 ID 매칭 기능 • 피보호자 태그 ID 조회 기능 • 태그 발급 및 반납 상태 변경 기능 • CCTV 카메라 혹은 사진파일을 이용한 피보호자 사진 정보 등록 기능 • 미아 찾기 운영자 태그정보 관리 기능
	통계 관리 서비스	• 미아 찾기 운영관련 통계자료 생성 기능 • 다양한 통계자료 검색 기능 • 특정 통계자료 수치 초과시 알림 기능
	위치 추적 서비스	• 발급된 태그 실시간 위치 모니터링 기능 • 맵핑된 지도확대/축소 기능 • 맵핑 지도 이미지 등록 및 변경 기능 • 서비스 영역을 벗어난 태그 알림 기능 • RTLS 시스템관련 환경정보 등록/수정/삭제/조회 기능 • 참조태그의 위치를 표시하고 재연산시의 오차 제공 기능
	시스템 상태 모니터링	• 전체 RTLS 리시버 및 위치서버의 상태 모니터링 기능 • 위치 서버의 로깅 정보 검색 기능
	PDA 연동 서비스	• PDA 응용프로그램 연동위한 프로토콜 변환 기능 • PDA 사용정보 상태관리 기능 • PDA 위치추적 서비스 지원 기능

구분	모듈	요구사항
미들웨어	리시버 인터페이스 관리자	• RTLS 리시버 인터페이싱 기능 • RTLS 리시버 연결 및 상태관리 인터페이스 지원 • 동시에 다수의 액티브 태그 수신 기능 • ISO/IEC24730-2 인터페이스 프로토콜 지원
	위치 연산	• X, Y, Z 위치 계산 기능 • TDOA, RSSI 위치 알고리즘 연산 기능 • 위치연산 알고리즘 추가 기능 • 다수 태그의 위치 연산 기능
	위치 보정 및 시간 동기화	• 위치가 알려진 참조태그 위치 재 연산을 통한 위치 보정 기능 • RTLS 리시버의 시간 동기화 및 동기화 그룹핑 기능 • 사용자 정의 위치보정 추가 기능
	위치 메타데이터 관리	• 위치 알고리즘에 필요한 RTLS 위치 값 및 기타 설정 관리 기능 • Map 정보매칭 기능 • 위치 연산된 값의 scale 변환 기능
	시스템 관리	• RTLS 리시버 상태 관리 기능 • 위치서버 이상상태 관리 기능 • 상태정보 통보 기능 • 위치, 상태 정보 로깅 기능 • 원격 모니터링 정보 출력 기능
	위치 추적 서버 API	• ISO/IEC 24730-1 XML 인터페이스 지원 • 위치값 리포팅 API 기능 • 위치 서버 제어 API 기능 • RTLS 리시버 모니터링 API 기능 • RTLS 리시버 설정 변경 API 기능 • 위치서버 로깅 검색 기능

3.3.3 RTLS 하드웨어

(1) 미아 찾기 시스템 구축을 위해서는 크게 3단계의 네트워크 구성이 필요하다.

(2) RTLS 리시버가 태그 신호를 감지하기 위한 리시버 배치 및 시간동기화 그룹핑 구역의 유/무선 네트워크 구성이 필요하고, 미아 찾기 서비스 특성상 리시버간의 거리가 매우 멀기 때문에 유선 구축이 어려워 Mesh 망을 구축할 필요가 있을 경우에는 미아 찾기 서비스 영역을 포괄하는 Mesh 네트워크 구성이 필요 하다.

(3) 마지막으로 네트워크 망을 통해서 수신 받은 태그 정보를 통해 위치 값을 계산하고 관련 응용 서비스를 제공하는 응용 네트워크 구성도가 있다.

(4) 응용 서비스 네트워크에서는 방화벽을 통해서 위치 정보가 외부에 유출되지 않도록 구성하여야 한다. 네트워크 장치별 상세 요구사항은 다음과 같다.

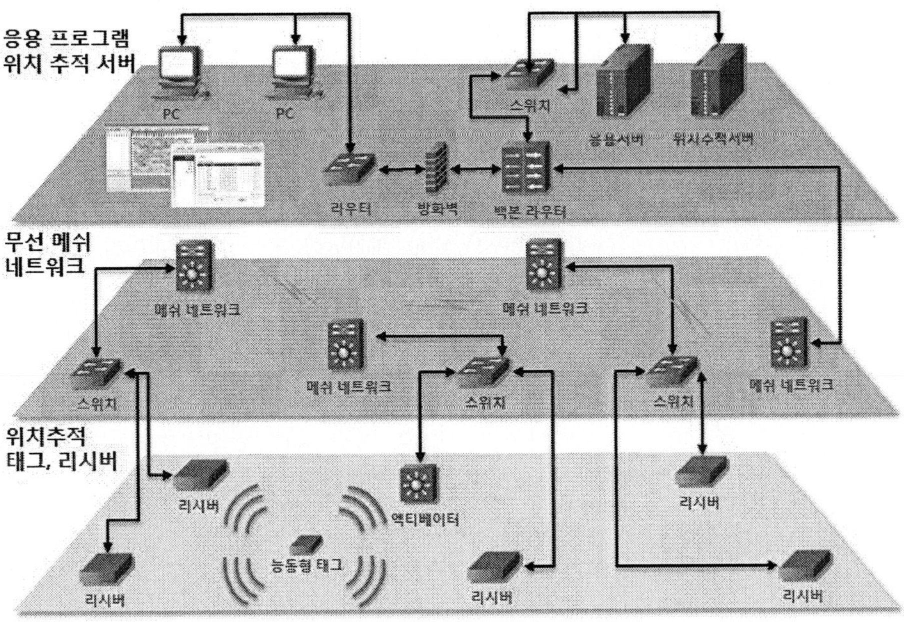

그림 3-6. RTLS 하드웨어 구성

구분	모듈	요구사항
위치 추적 태그, 리시버	RTLS 리시버	• RTLS에 적용 가능한 액티브 태그를 수신하는 수신 장치 • 2.4GHz RTLS 표준규격인 ISO/IEC24730 표준과 유사하게 동작하는 모든 위치 추적 장치 (주파수 대역을 지정하지 않음) • 서비스 지형에 따라 다양한 타입의 안테나로 교체할 수 있어야 한다.
	RTLS 액티브 태그	• 리시버와 상호작용 가능한 자체 내장배터리를 가지고 전파를 송신하는 기능을 가진 태그여야 한다. • 비콘 주기를 변경 가능해야 한다. • 활성화/비활성화가 가능해야 한다. • 베터리 교체가 가능해야 한다. • 외부 환경에서 사용 가능해야 한다. • 해변가에서 서비스 할 경우 수심 1m이내에서 8시간 이상 동작 가능해야 한다. • 사람이 쉽게 착용 할 수 있게 하우징 되어야 한다. • 리시브 기준 (해변방향) 최대 150m까지 인식되어야 하고, 오전 9시~오후 6시까지 작동되어야 하고, 서비스 기간 2달 동안 활성화가 가능 하여야 한다. (비활성화 전력은 최대 2년을 유지하여야 한다.)
	RTLS 액티브 태그 활성장치 (엑티베이터)	• RFID 태그를 통해 자동 활성화 기능을 지원해야 한다(필수 사항 아님). • RTLS 액티브 태그를 활성화/비활성화 가능해야 한다.

구분	모듈	요구사항
무선 메쉬 네트워크	스위치	• RTLS 리시버와 호환되는 Ethernet 랜카드 혹은 스위치, 허브 기능을 지원하는 장치를 통칭한다. • 무선 Mesh 네트워크 구축시 Mesh 장비와 호환 가능해야 한다.
	Access Point	• 무선 인터넷 서비스를 위한 무선 사용자 접속 시 2.4GHz를 사용하여 접속 할 수 있어야 한다.(802.11g) • 원활한 전원 공급을 위하여 PoE를 지원해야 한다. • 아래와 같은 보안 및 인증기능이 지원되어야 한다. - WEP Key, AES Key 인증, 802.1x, RADIUS 인증 • 가상 AP Group 별로 사용자 접속 속도를 제어 할 수 있어야 하며, 1개의 Virtual Group마다 SSID를 서로 mapping하여 총 16개의 Virtual AP Group 및 SSID를 생성할 수 있어야 한다.
	무선 Mesh 네트워크	• 무선 주파수는 2.4GHz, 5GHz 대역에서 선택 또는 병합하여 사용할 수 있어야 한다. • 국내에 허용된 주파수 2.4GHz-13개 채널, 5GHz-18개 채널을 모두 사용할 수 있어야 한다. • 광대역 서비스를 위하여, 서로 다른 무선 채널들을 묶어서 사용할 수 있는 Channel Bonding을 통하여 40Mbps 이상의 속도를 제공해야 한다. • 부선 네트워크 구축 시 가시권이 확보되지 않을 경우 최소 5개에서 최대 10개까지 Multi Hop을 통하여 무선 네트워크 전송로 구간을 구축 할 수 있어야 한다. (5HOP을 지났을 때의 10Mbps 이상을 유지) • 다양한 서비스를 수용하기 위하여 최소 3개 이상의 Ethernet Interface를 지원하여야 하며 방수 커넥터를 사용하여야 한다. 이때 2개 이상의 PoE port를 공급할 수 있어야 한다.

구분	모듈	요구사항
응용 프로그램 및 위치 추적 서버	방화벽, 백본 라우터, 스위치	• 백본 라우터의 경우 1Gbps 이상의 고속 Ethernet 통신이 가능해야 한다. • 방화벽의 경우 외부에서 RTLS row 데이터를 볼 수 없도록 완벽히 차단해야 한다. • 스위치의 경우 상기의 장치와 호환 가능해야 한다.
	응용 서버, 위치 추적 서버	• 위치추적서버의 경우 동시에 다수의 트래픽을 처리 할 수 있도록 Ethernet 포트가 다수 장착 가능해야 하고 2way 이상의 서버여야 한다. • 응용 서버의 경우 DB운영에 적합한 사양이여야 한다.
	PC	• 태그 반·출입 관리PC의 경우 CC카메라가 부착 가능해야 한다. • RTLS 엑티베이터와 연동될 경우 필요에 따라 RS-232C 포트가 필요 할 수 있다.

3.4 RTLS 표준화

(1) RTLS는 미국 표준인 ANSI/INCITS 371을 기초로 하여 국제표준인 ISO/IEC 24730에서 해당 표준을 제정 중에 있으며, API, 2.4GHz RTLS, 433MHz RTLS의 세 부분으로 나누어 정의되어 있다.

(2) 이 중 433MHz RTLS는 100m 이상의 옥외 사용을 목적으로 제정된 표준으로 화물 컨테이너나 물류유통 분야에서 전체 시스템을 원활하게 조정할 수 있고 대상의 이동 경로를 알게 하여 많은 비용 절감을 누릴 수 있을 것으로 예상 한다.

■ **ISO/IEC 24730 표준**

▶ ISO/IEC 24730-1: 실시간 위치 추적 시스템(RTLS)에 관한 응용 인터페이스 프로그램 (API)을 정의한다.

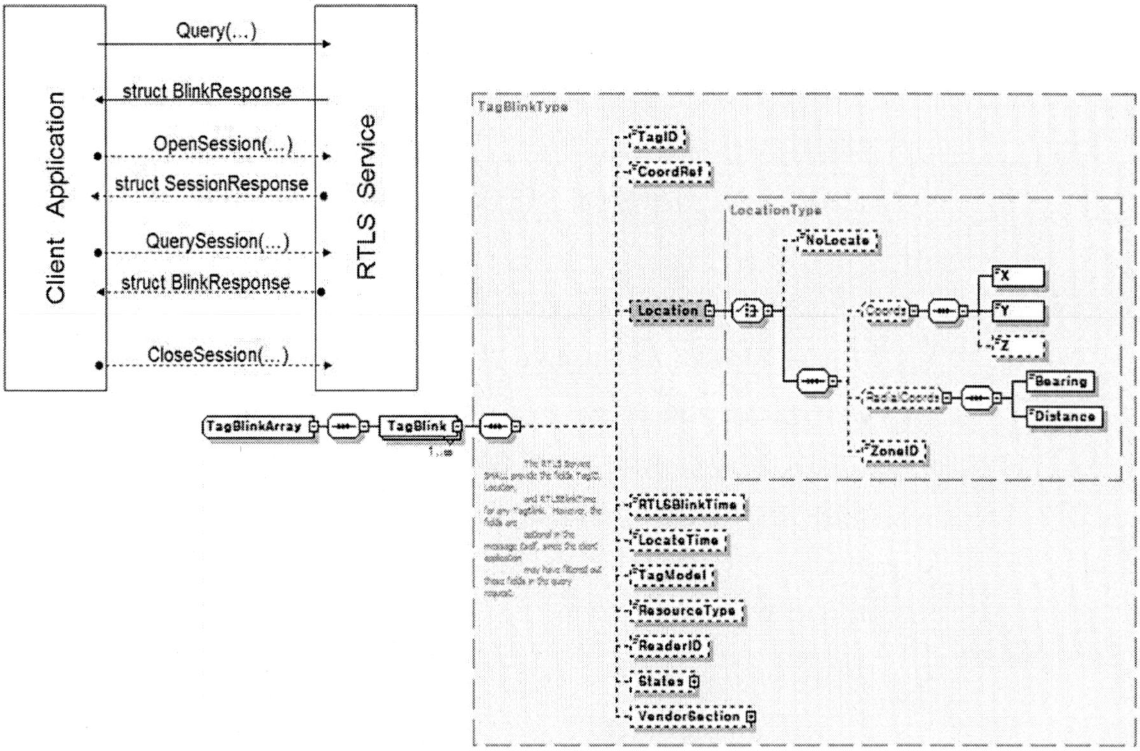

그림 3-7. API 및 XML 스키마

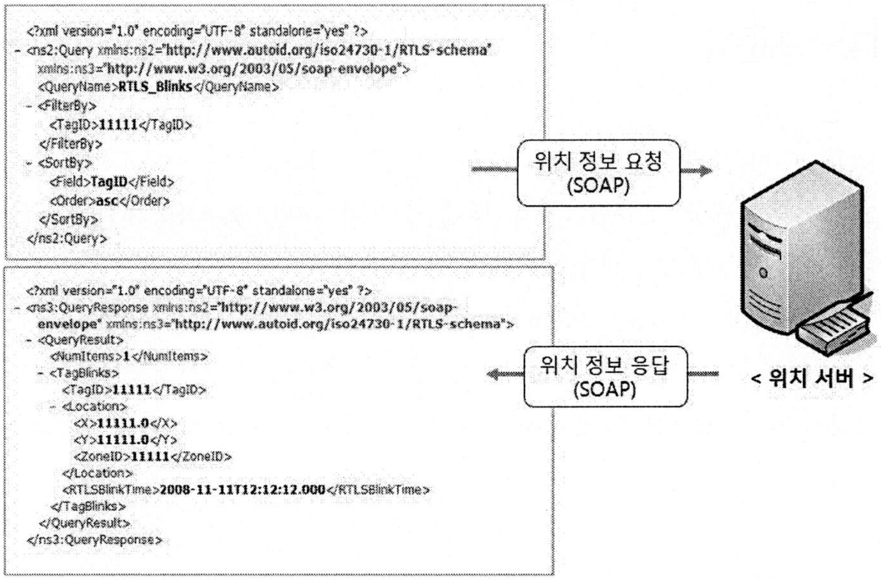

그림 3-8. 위치 정보 요청 및 응답 과정

▶ ISO/IEC 24730-2: 실시간 위치 추적 시스템(RTLS)에 관한 2.4GHz 에어인터페이스 프로토콜을 정의한다.

- Air Interface: RTLS 태그와 RTLS 리더들 사이의 데이터 통신에 사용되는 신호구조들과 무선 통신 프로토콜
- Corporate LAN: 사용자에게 제공되는 네트워크(예를 들어 이더넷 또는 무선랜)
- Host Applications: 사용자의 관리 정보 시스템
- RTLS Infrastructure: Air interface 프로토콜과 RTLS 서버 프로그램 사이에 존재하는 시스템 구성요소
- Real-Time Locating System: RF 송/수신기의 관련 컴퓨팅 장비들로서, 위치결정을 위한 정보를 통하여 위치추정이 가능
- RTLS Server: 컴퓨팅 디바이스로서, 리더로부터 데이터를 수집하고 태그의 위치를 결정
- RTLS Transmitter: 배터리가 내장된 무선 장비들로서 본 표준에서 제시한

프로토콜을 활용

- RTLS Reader: RTLS 송신기(태그)로부터 신호들을 수신하는 장비
- Open Field: 송신기와 수신기 사이의 존재하는 무선 경로로서 본 표준에서는 LOS로 정의
- Exciter: RTLS 송신기의 작동을 변경하기 위한 신호 전송 장비
- Upconvert: 베이스 밴드 신호를 고주파 신호로 변경
- Tag Blink: RTLS 송신기의 무선 주파수 신호로 1개 또는 복수의 중복된 sub-blink로 구성
- Sub-Blink: 하나의 blink 내에 한번 또는 여러 번 반복되어 전송되는 메시지

3.5 RTLS 사업화

3.5.1 해운대 미아찾기 서비스

2007년도 u-City 구축기반조성사업 u-해운대 테스트베드 구축("해운대 미아 찾기 서비스")는 2007년에 ㈜코리아컴퓨터가 구축하였으며, 매해 여름에 서비스를 운영하고 있다.

■ **사업 범위**

(1) 여름철 성수기 하루 5,000명의 미취학 아동이 방문하는 해운대의 미아발생을 줄이기 위하여 아동의 팔에 부착된 액티브 태그로 위치정보를 파악하고, 수집된 정보를 통합/분석하여 보호자에게 피보호자의 위치를 알려주는 서비스를 구축한다.

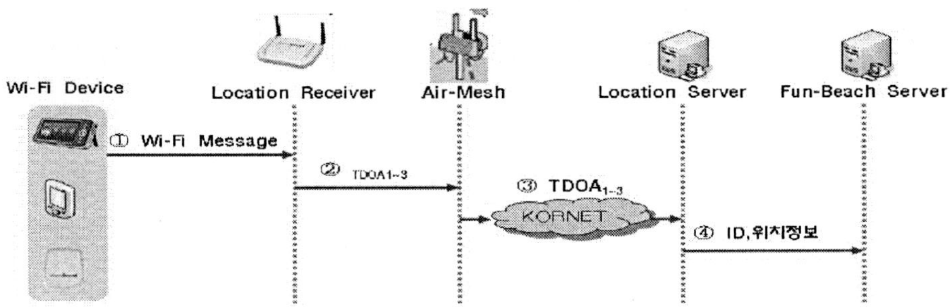

그림 3-9. 무선 통신망 구축

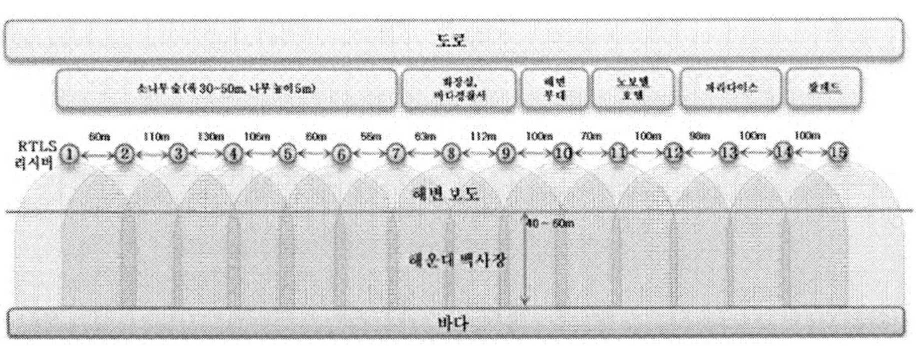

그림 3-10. RTLS 서비스 인프라 구축

■ **RTLS 시스템 구축 절차**

RTLS 시스템 구축은 서비스 타당성 검토, 인프라 설계, 인프라 설치 및 구성, 응용 Application 개발, 전체통합 테스트, 운영 및 유지 보수 단계를 거친다.

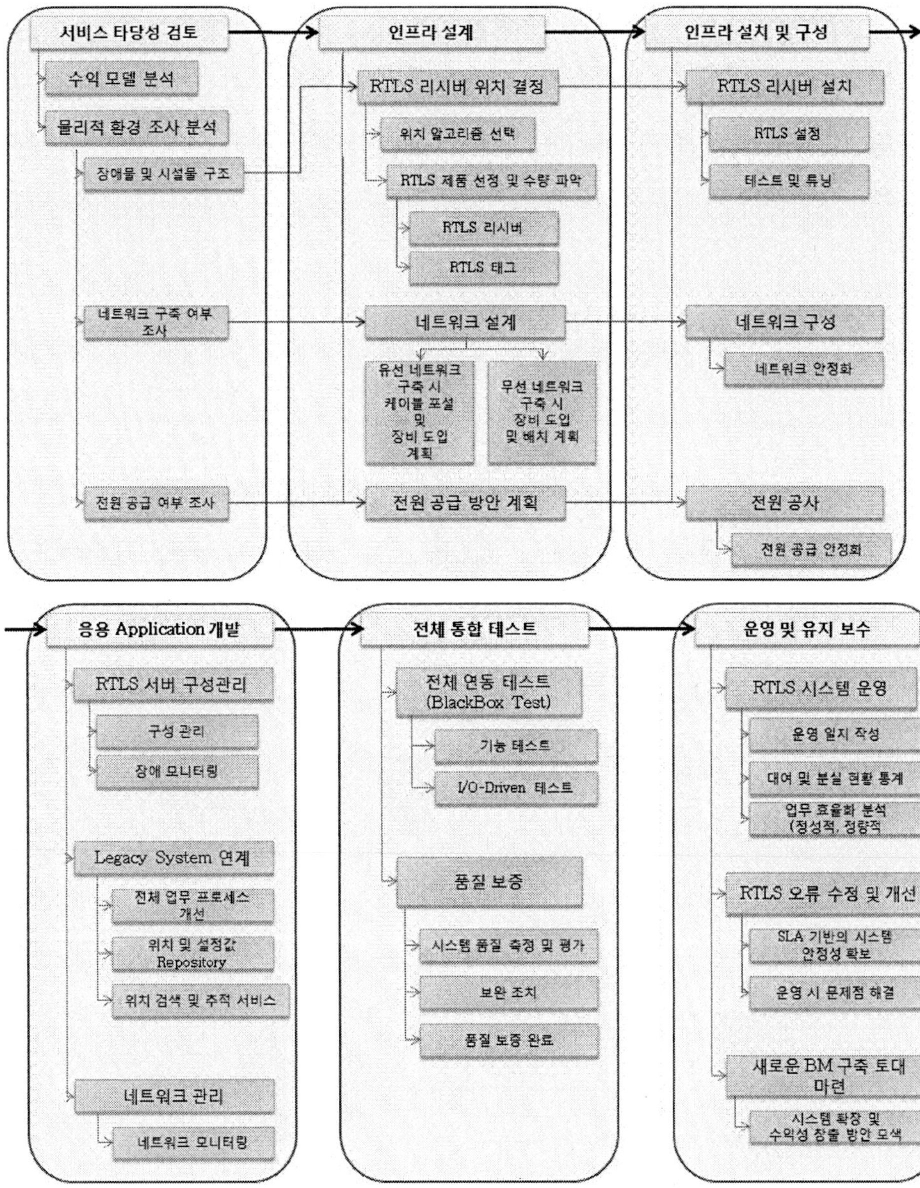

그림 3-11. RTLS 시스템 구축 절차

■ **해운대 미아찾기 서비스 요구사항**

(1) 국내외의 관광지 (해수욕장, 놀이공원, 학교 등)를 이용하는 아동이 주요 서비스 적용 대상이다.

(2) 피보호자의 팔에 부착된 액티브 태그 (암 밴드형, 목걸이형 등)로부터 위치정보를 파악하고, 수집된 정보를 통합/분석하여 보호자에게 피보호자의 위치를 알려주는 서비스이다.

(3) 국내외의 관광지를 이용하는 아동이 주요 서비스 적용 대상이다. 각 서비스에 대한 개념은 다음과 같다.

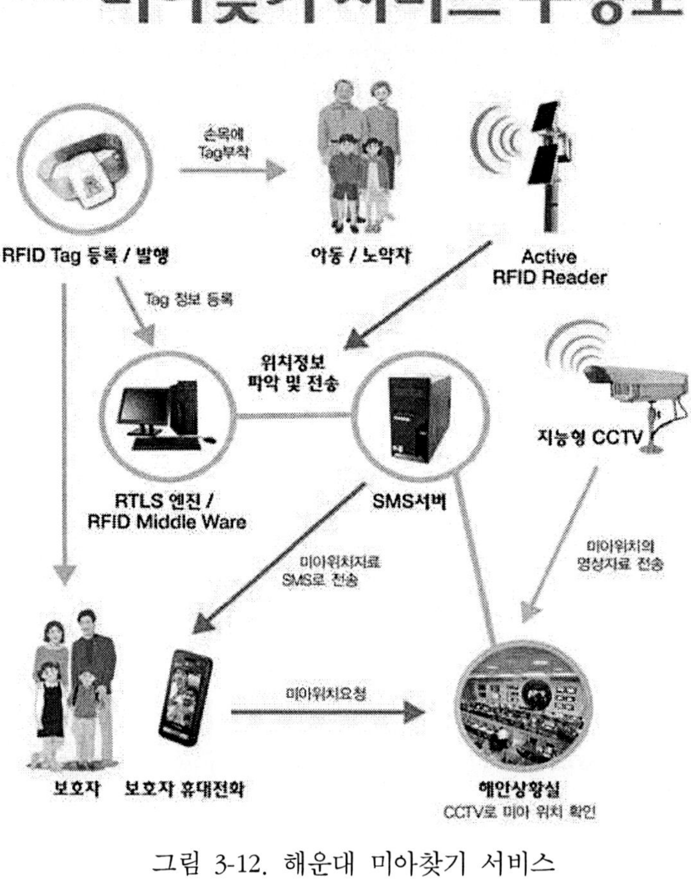

그림 3-12. 해운대 미아찾기 서비스

(1) 액티브 태그 발급, 미아 찾기 운영 및 대여 서비스

▸ 서비스 개념

- 미아 방지를 위해 찾아오는 보호자와 아동들에게 비활성화(방전 방지) 되어 있는 액티브태그를 활성화하고, 보호자 및 피보호자 정보를 수집하여 이를 태그 정보와 매칭하고, 대여한 태그 분실방지를 목적으로 하는 서비스이다.

▸ 서비스 요구사항

- 서비스를 원하는 보호자, 대상 아동/노약자 등이 운영사무소를 방문
  - 보호자와 피보호자는 미아 찾기 운영사무소를 방문 한다.
  - 운영자에게 방문목적 (서비스이용)을 설명한다.
  - 운영자는 방문객을 확인하고 보호자에게 필수 내용을 작성토록 한다.
- 피보호자와 보호자의 신상명세등록
  - 운영시스템 (관리용PC)에 보호자가 작성한 신상명세를 입력 한다.
  - 핸드폰 번호는 필수로 입력한다. (SMS발신용)
  - 보호자의 신분을 확인한다. (운전면허증, 주민등록증)
  - 실제 위치추적에 필요한 피보호자의 (태그 착용자) 외모를 디지털 카메라로 촬영하여 운영시스템 정보와 연동한다.
- 액티브 태그의 확인
  - 액티브 태그의 재고를 확인 한다.
  - 액티브 태그를 활성화 시킨다.
  - 운영시스템의 맵 상에 태그의 위치를 확인 한다.
  - 위치 변경 후 맵 상의 위치변경을 확인 한다.
  - 운영 시스템 상에 등록이 완료되면 보호자 휴대폰으로 등록완료를 알려준다.
  - 운영자는 보호자의 메시지수신을 확인 한다.

(2) 액티브 태그 반납 서비스

▶ 서비스 개념

- 대여한 태그의 현황을 확인하고 반납 처리 및 방전방지를 위해서 활성화 되어 있는 태그를 비활성화 하는 서비스이다.

▶ 서비스 요구사항

- 관광객이 운영사무소를 방문
  - 보호자가 액티브 태그를 소지하고 운영 사무실을 방문한다.
  - 운영자는 관리 PC에서 보호자의 신분을 확인한다.
- 태그 상태 확인
  - 액티브 태그의 상태를 확인한다.
  - 운영자는 장비의 외형상 파손여부를 확인한다.
  - 운영자는 태그의 위치 솔루션 동작을 통해 태그의 기능을 확인한다.
- 태그 회수
  - 운영자는 태그를 회수한 후 태그 불출 내역을 등록한다.
  - 운영자는 태그를 Deactivate한 후 회수함에 넣는다.

(3) 미아찾기 서비스

▶ 서비스 개념

- 대여한 태그를 가진 아동/노약자의 보호자가 미아 발생 신고가 들어 왔을 때, 대응하는 실시간 미아 위치 추적 서비스이다.

▶ 서비스 요구사항

- 미아 등록
  - 보호자는 운영자에게 미아 발생 신고를 한다.
  - 운영자는 미아 확인을 위하여 보호자의 신상 명세를 관리 PC에서 검색한다.
  - 운영자는 등록정보에서 액티브 태그 정보를 검색한다.
- 미아 위치 추적
  - 맵 솔루션을 이용하여 미아 위치를 추적한다.
  - 위치가 확인되면 CCTV를 동작시켜 미아를 찾는다.
  - 미아 찾기 보조 요원은 추적용 태그를 소지하고 미아의 위치로 이동한다.
  - 운영자는 미아 찾기 보조 요원의 위치와 미아의 위치가 일치 될 수 있도록 통신 장비를 이용해 지속적으로 관제 한다.
  - 운영자는 보호자에게 SMS 메시지를 통하여 미아위치 정보를 전송한다.

(4) 액티브 태그 관리 서비스

▶ 서비스 개념

- 운영 중인 태그의 수량 및 위치를 파악하여 분실태그 및 미 반납 태그를 관리하는 서비스이다.

▶ 서비스 요구사항

- 태그 관리
  - 운영자는 대여한 태그의 수량을 확인한다.
  - 운영자는 대여한 전체 태그의 위치를 확인한다.
  - 운영자는 태그 리스트를 정리한다.
- 태그 반납
  - 운영자는 반납되지 않는 태그의 수량을 확인한다.
  - 반납되지 않은 태그 보호자의 신상 명세를 확인한다.
  - 보호자에게 태그 반납을 위해 전화 또는 SMS 문자를 발송한다.
  - 운영자는 대여자에게 태그를 회수한다.

3.5.2 기타 RTLS 서비스

■ **덴마크의 LEGOLAND**

(1) 미아 방지 및 고객정보 관리에 성공적으로 활용한다.

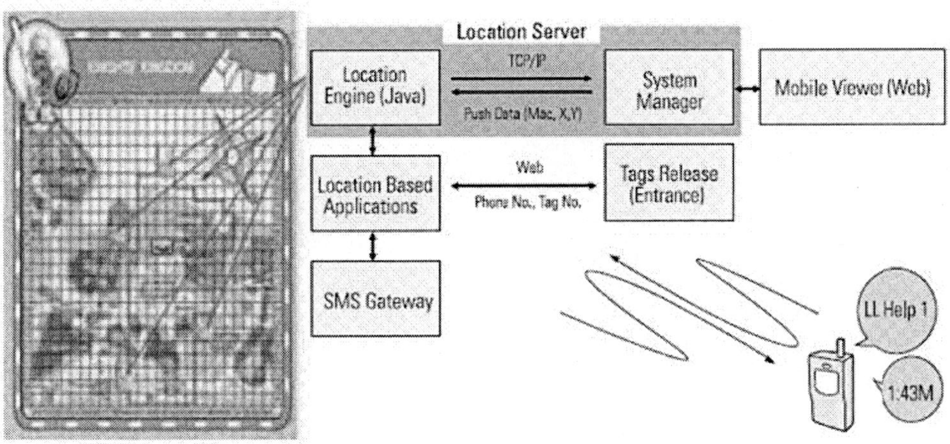

그림 3-13. 덴마크의 LEGOLAND

(2) 구축 과정

▸ 1단계(서비스 영역에 대해 구역 설정)

▸ 2단계(각 구역에 대한 리시버들의 배치 계획)

▸ 3단계(리시버들을 설치 및 테스트&튜닝)

▸ 4단계(최종적인 설치 계획 확정)

▸ 5단계(이를 기반으로 전체 시스템 구성)

▸ 6단계(대상물들에 대한 태그 부착)

▸ 7단계(애플리케이션을 적용하여 위치기반 정보시스템 완성)

■ **런던 국립 박물관의 미술품 관리**

(1) 박물관 전시품 및 수장품 도난 방지한다.

(2) 실시간 위치 및 이동경로를 추적한다.

(3) 재고 및 유지 관리 상황을 모니터링한다.

그림 3-14. RTLS 시스템을 이용한 미술품 관리

■ **영국의 대형 유통 업체인 Woolworths의 공급망 관리**

(1) 전체 상품 유통과정(공급망) 속에서의 상품 도난방지 및 유통 차량의 실시간 위치 추적 서비스를 제공한다.

(2) 보안 측면에서 상품 유통 과정에서의 도난을 방지한다.

(3) 물류유통 측면에서 상품유통의 가시성에 의한 재고 물량 감소시키고, 정확하게 소매점까지 주문 배송 서비스를 제공한다.

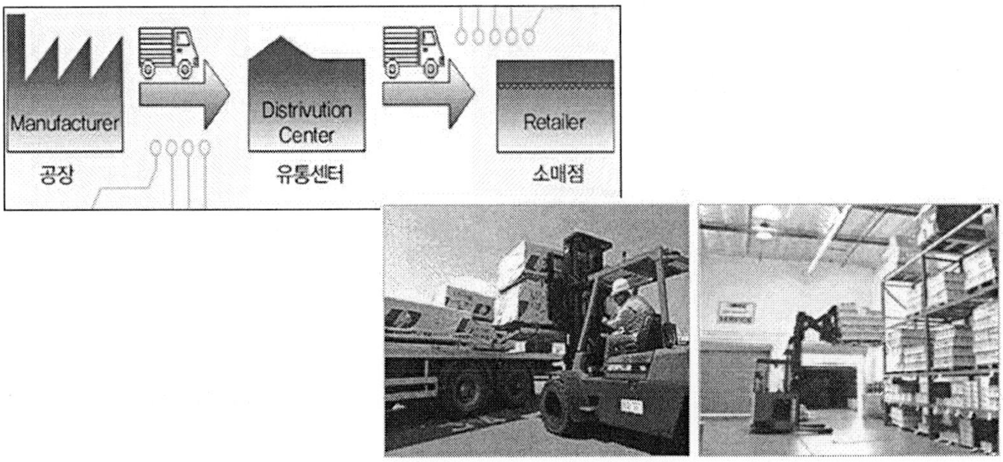

그림 3-15. RTLS 시스템을 이용한 SCM

■ **한국전력 남동 발전소의 건설 현장 출입 통제 관리**

(1) 수력 발전소 터널 공사 현장에서 차량에 탑승한 근무자를 자동 인식해 출입자 및 출입 차량 통제 관리를 목적으로 하고 있다.

(2) 넓은 건설 현장에서 사람, 차량, 건설 자재 및 자산 등의 출입 및 이동 경로, 그리고 위치추적을 실시간 모니터링 및 관리가 가능하다.

▲차량 탑승자 무선인식

그림 3-16. 차량 탑승자 출입 통제 시스템

■ **RTLS/USN 기반 u-Port 구축 시범 사업**

(1) 부산항 컨테이너 터미널(2개)의 하역장비(110여대)에 대한 실시간 위치 추적으로 최적의 장비 운용환경을 구현하였다.

(2) RTLS 기술 및 USN을 이용한 컨테이너 업무 자동화, 위험물 컨테이너 추적 감시 시스템의 구축을 통하여 적하 작업의 생산성 및 위험물 컨테이너 관리의 안전성을 확보하는데 목적이 있다.

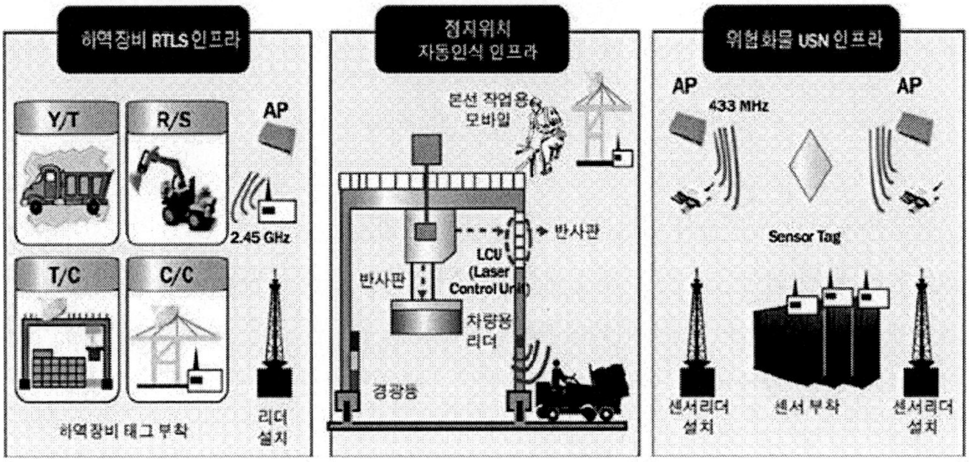

그림 3-17. RTLS/USN 기반 u-Port 구축 사업

■ **서울대학교병원 강남 센터의 RTLS 도입**

(1) 고객의 위치 확인

▶ 실시간 고객위치 확인

▶ 각 검사실에 위치한 고객의 숫자 확인

(2) 검사실에서 고객의 ID 자동 확인

▶ 자동으로 고객 ID가 나타나므로 고객확인 시간 단축

(3) 고객의 이동 상황을 확인

▸ 고객의 이동상황 확인

▸ 검사실에서의 대기중인 고객 수 확인

▸ 고객에게 필요한 서비스 즉시 제공(검사 순서 재조정 등)

04

기타 관련 기술

4.1 IoT (Internet of Things) 기술

2005년 ITU-T에서 "The Internet of Things (IoT)"라는 연차 보고서가 발표하였다. IoT는 미래 IT 산업 혁명의 모든 구조를 담는 가장 기본적인 틀이 될 것임을 예고하고 있다. 일본 노무라 연구소의 정의를 인용하여, IoT를 "세상에서 존재하는 모든 사물(Things)을 네트워크로 연결하여 인간과 사물, 사물과 사물 간에 언제 어디서나 서로 소통할 수 있도록 하는 새로운 정보통신 기반"이라고 설명하고 있다.

■ **IoT 기술의 정의**

(1) 세상에서 존재하는 모든 사물(Things)을 네트워크로 연결하여 인간과 사물, 사물과 사물 간에 언제 어디서나 서로 소통할 수 있도록 하는 새로운 정보통신 기반이다.

(2) 데이터 수집과 통신 기능을 통하여 물리적 객체와 가상의 객체를 연결해주는 글로벌 네트워크 기반 구조, 사물인식, 센싱, 연결성을 제공함으로써 앞으로 개발될 협동 서비스나 응용들의 기본 환경을 제공한다.

(3) 개념적이고, 미래지향적인 의미, 현재 연구 중인 미래 인터넷, M2M, RFID/USN 등이 궁극적인 IoT 구현을 위한 기반 기술로 보고 있다.

■ **IoT 기술 유사 개념**

(1) MTC (Machine-Type Communication): 인간의 개입이 꼭 필요하지 않은 하나 혹은 그 이상의 객체가 관여하는 데이터 통신의 형태(3GPP)이다.

(2) MOC (Machine-Oriented Communication): 인간의 직접적인 개입이 최소한 요구되거나, 혹은 요구되지 않은 둘 혹 은 그 이상의 객체간의 통신(ITU-T) 기술이다.

(3) USN (Ubiquitous Sensor Network): 언제 어느 곳에서나 (사물에) 부착된 센서로 부터 사물 및 환경 정보를 센싱, 저장, 처리, 전달하여 인간 생활에 폭넓게 활용되는 네트워크 인프라 기술이다.

(4) M2M (Machine to Machine): 이동통신 시장 성장을 위한 돌파구, 스마트폰과 M2M 서비스의 결합으로 새로운 데이터 수요가 확대된다.

■ **IoT 기술의 특징**

(1) IoT의 경우 개념적인 특징이 강하며, M2M, MTC와 MOC는 인간의 개입이 필요하지 않다는 특징을 가지고 있다.
(2) USN의 경우 센서 네트워크를 이용한 서비스 기반 구조라는 특징이 있다.
(3) 따라서 M2M, MTC, MOC 및 USN 등은 IoT를 구현하기 위한 필수 기술 요소라고 할 수 있을 수 있다.

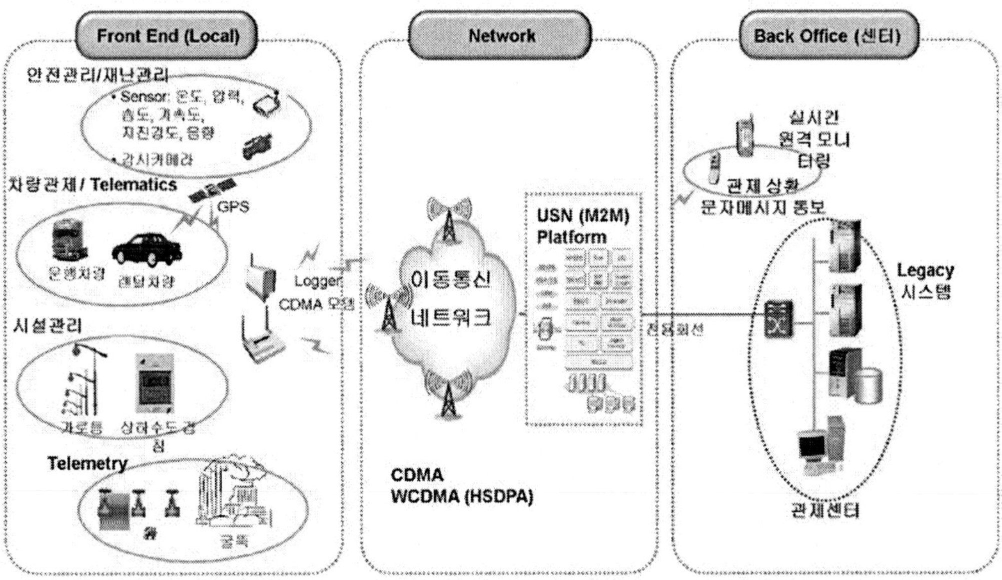

그림 4-1. IoT 기술의 구성

■ IoT 기술 표준화 동향

(1) ITU-T 표준화 동향

- ▸ IoT & MOC 용어에 의한 표준화는 초기 단계이다.
- ▸ ITU-T에서는 2007년부터 이미 USN 관련 표준화를 진행 중이다.

(2) ETSI M2M 표준화 동향

- ▸ 2009년부터 M2M 표준화를 추진
- ▸ 표준화 완료
  - ETSI TS 102 689: M2M Service Requirements, 2010
  - ETSI TS 102 691: M2M Smart Metering Use Cases, 2010
- ▸ 표준화 진행 중
  - ETSI TS 102 690: M2M Functional Architecture
  - ETSI TS 102 921: M2M mIa, dIa and mId Interfaces

■ IoT 기술의 활용

건물, 공장, 산업 및 사회기반 설비 등에 MOS 솔루션을 설치하여 인터넷을 기반으로 MOS(Maintenance, Monitoring and Management Operation System) 관제센터에서 24시간 실시간 감시 및 제어, 긴급 출동, 정기점검 서비스를 유비쿼터스 기반의 통합 시설관리 솔루션을 통하여 제공할 수 있다.

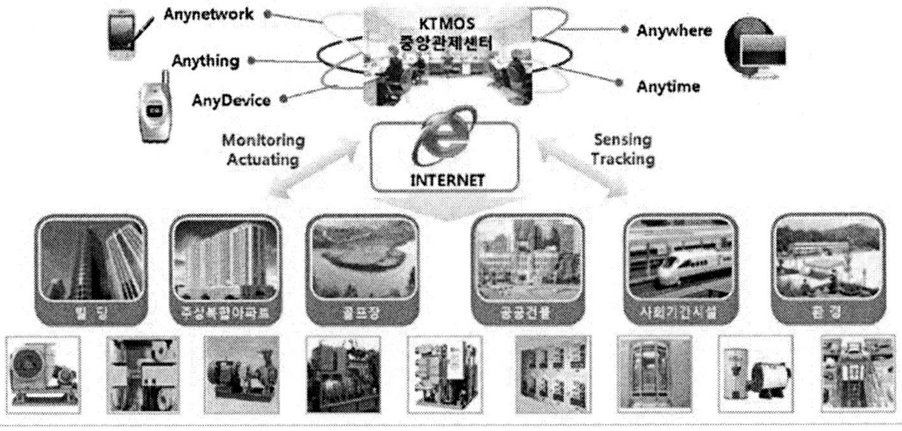

그림 4-2. IoT 기술의 활용

4.2 클라우드 (Cloud Computing) 컴퓨팅

■ **클라우드 컴퓨팅의 정의**

(1) 복수의 데이터센터를 가상화 기술로 통합해 사용자에게 각종 소프트웨어와 보안 솔루션 컴퓨팅 능력까지 온디맨드 방식으로 제공하는 기술이다.

(2) 대형 컴퓨터에 프로그램이나 문서를 저장하고 사용자는 PC나 휴대폰 PDA 등 다양한 단말기를 통해 접속해 원하는 작업을 할 수 있다.

(3) 기존의 씬 클라이언트와 유사한 개념인데 단말기의 경우 속도나 크기의 한계가 있지만 클라우드 컴퓨팅은 인터넷 접속만 가능하면 고성능 기기가 아니어도 원격으로 하고자 하는 작업을 수행할 수 있다. 즉 단말기의 한계를 인터넷 통신망을 통해 보완할 수 있을 만큼 네트워크 대역폭이 크게 증가했기 때문에 가능한 기술이라 할 수 있다.

■ **클라우드 컴퓨팅의 장단점**

(1) 클라우드 컴퓨팅의 장점

▸ 모든 데이터와 소프트웨어가 중앙에 집중되기 때문에 손쉽게 다른 PC로 이동할 수 있어 장비 관리 업무가 크게 감소한다.

▸ 또한 컴퓨팅 자원을 사용자의 필요에 따라 적당하게 할당할 수 있어 유휴 PC와 서버 자원 등을 크게 줄일 수 있다.

▸ 기업들은 키보드와 모니터 마우스를 갖추고 통신포트만 연결하면 소프트웨어를 개발할 수 있고 심지어 서버 한 대 없이 인터넷 사업을 하는 것도 가능해 진다.

(2) 클라우드 컴퓨팅의 단점

▸ 보안문제가 가장 큰 약점으로 지목되고 있다.

- 클라우드 컴퓨팅은 과거 메인프레임이 지배하던 클라이언트/서버 환경처럼 모든 정보가 중앙에 집중된다.

- 가끔 대규모 개인정보가 유출돼 문제가 발생한 사례가 생기는데 만약 클라우드 컴퓨팅이 보편화된 상태에서 중앙 정보 보안 문제가 발생할 경우 그 파급력은 상상을 초월한다.

■ **클라우드 컴퓨팅의 세부 기술**

자원의 가상화	네트워크 자원 등과 같은 구체적인 시스템 리소스에 대한 가상화를 의미한다. 특히 클라우드 컴퓨팅에서는 서버, 스토리지, 네트워크가 대표적인 가상화의 대상이다.
분산 컴퓨팅	분산컴퓨팅은 클라우드 컴퓨팅 하드웨어를 구성함에 있어 인트라넷 또는 인터넷으로 연결된 다수의 컴퓨팅 자원을 하나로 연결하는 기술이다.
시스템 관리	이용자들에게 SLA (Service Level Agreement) 기반의 사용자 가상 컴퓨팅 환경을 제공하고, 제공된 가상 시스템을 모니터링하며, 사용자 서비스별 자원 활용 정도에 따른 동적인 자원 할당 및 동적 스케줄링을 제공한다. ※SLA (Service Level Agreement): 정보시스템 사용자와 공급자 사이에 서비스 수준을 정량적으로 측정하여 서비스성과를 평가하도록 상호동의에 의하여 일정 수준의 서비스를 명시한 문서.
서비스 플랫폼	서비스 플랫폼은 사용자들이 클라우드 컴퓨팅에 사용자 고유의 응용 또는 인터넷 서비스를 구축하기 위한 인터페이스를 제공한다.
보안, 과금, 사용자 인증 등	사용 용량에 따른 과금 정책 및 사용자 인증 인터페이스를 제공하고, 사용자들의 데이터 또는 접근 등에 대한 신뢰성있는 플랫폼 기술을 확보하여, 사용자들이 클라우드 컴퓨팅 서비스를 신뢰하고 사용할 수 있어야 한다.

■ **자원 종류에 따른 분류**

(1) IaaS (Infrastructure as a Services)

- IaaS는 서버 또는 스토리지를 사용자에게 서비스 형태로 제공하는 대표적 클라우드 컴퓨팅 서비스이다.
- 이 분야는 현재 아마존 웹서비스가 독보적인 위치를 차지하고 있다.
- AWS에서 서버를 빌려주는 서비스는 EC2라고 하고 스토리지를 빌려주는 서비스는 S3의 기본적인 서비스를 제공하고 현재는 다양한 서비스를 개발하여 분야를 확장하고 있다.

(2) PaaS (Platform as a Service)

- PaaS는 사용자가 쉽게 서비스를 만들 수 있도록 필요한 기본 기능을 제공하는 플랫폼을 서비스 형태로 제공하는 형태의 클라우드 컴퓨팅 서비스이다.
- 이를 통해 사용자들은 웹상에서 자신이 원하는 프로그램을 만들고 이를 웹을 통해 서비스할 수 있다.
- PaaS는 서비스 개발자 입장에서 비싼 개발 장비나 개발도구를 구매하지 않고도 서비스를 만들 수 있다는 장점이 있고 서비스 공급자 측면에서는 수많은 개발들을 통해 다양한 어플리케이션을 쉽게 확보 할 수 있다는 장점이 있다.

(3) SaaS (Software as a Service)

- SaaS는 어플리케이션 또는 소프트웨어를 서비스 형태로 제공하는 형태의 클라우드 컴퓨팅 서비스이고 웹을 통해서 어플리케이션이나 소프트웨어를 사용하는 방식이다.
- 사용자는 이를 위해 라이센스 구매 및 설치할 필요 없이 사용 가능하다는 장점이 있다.

4.3 SaaS (Software as a Service) 기술

■ **SaaS의 정의**

(1) 소프트웨어의 여러 기능 중에서 사용자가 필요로 하는 서비스만 이용 가능하도록 한 소프트웨어이다.

(2) 소프트웨어 유통 방식의 근본적인 변화를 설명하는 개념으로, 공급 업체가 하나의 플랫폼을 이용해 다수의 고객에게 소프트웨어 서비스를 제공하고, 사용자는 이용한 만큼 비용을 지불 하는 형태이다.

■ **SaaS의 등장배경**

(1) 사용자측면

▶ 기업의 IT 지출 비용 증가 → 비용절감 필요성 대두

▶ 시스템의 거대화 → 구축 및 유지 보수가 어려움

(2) 공급자측면

▶ 시스템의 복잡화 → 소프트웨어 배포 원가 증가

▶ 각 고객사마다 분산되어 있는 시스템 → 시스템 패치 및 업그레이드 비용 증가

■ **SaaS의 요소 기술**

SaaS 애플리케이션의 기술적인 특징은 크게 다중 역할, 확장성 및 신뢰성, 보안성, 용이한 환경설정 등이 있다. 이 중 확장성, 용이성, 보안성은 모든 소프트웨어 이용 환경에서 필요조건이 되며, SaaS 만의 차별성을 나타내 주는 것은 다중 역할이다.

AssS와 개념적으로 흡사한 ASP의 경우도 가입자별로 솔루션을 나타내 주는 것은 다중 역할이다. AssS는 단일한 솔루션이 여러 가입자 사이에 공유되어 자원의 효율적 활용을 도모한다. 확장성 있으면서도 최소한의 커스터마이징을 통해 사용자에게 최적화된 서비스를 제공하기 위해서는 메타데이터를 활용하여 사용자별 맞춤 서비스를 런

타임(run time)에 제공할 수 있어야 한다.

로그인한 사용자의 ID를 확인한 후 해당 사용자가 설정한 맞춤 서비스를 불러내어 제공할 수 있어야하며, 이때 제고될 맞춤 서비스는 앞단에서 뒷단까지 모두 일관성을 가져야한다. 이를 위해서는 메타데이터에 대한 처리 기술이 필요하게 된다.

아기텍쳐 관점에서 SaaS 애플리케이션의 가장 큰 특징은 single-instance multi-tenancy, 즉 한 애플리케이션의 동일한 인스턴스로부터 다양한 사용자의 요구를 만족시키는 서비스를 제공하기 위해서는 애플리케이션의 각 계층 설계가 매우 중요하다.

SaaS 애플리케이션이 3 계층, 가령 표현 계층(presentation tire), 비즈니스 로직 계층(business tire), 데이터 계층(data tire)의 아키텍쳐로 구현될 경우, single-instance multi-tenancy를 제공하기 위해서는 애플리케이션의 각 계층마다 해당 사용자에 맞게 환경 설정을 해야 하는데, 이를 위해서는 메타데이터 아키텍쳐가 필요하다.

로그인한 사용자의 메타데이터 정보에 근거해 사용자에게 고유한 애플리케이션처럼 구동할 수 있게 된다.

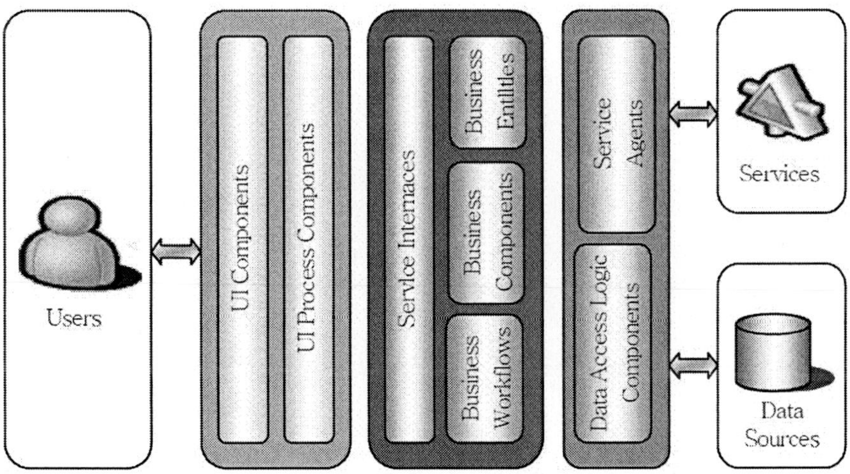

그림 4-3. SaaS의 구조

■ **SaaS 방식으로 전달되는 소프트웨어의 특징**

(1) 네트워크 기반으로 접근하고 관리하는 상업적으로 사용 가능한 소프트웨어이다.

(2) 각 고객 사이트가 아닌 중앙의 위치에서 활동을 관리, 고객이 웹을 통해 어플리케이션에 접근하도록 한다.

(3) 어플리케이션 전달은 일반적으로 일대일 모델보다는 일대다 모델에 가까우며, 여기에는 아키텍처, 가격, 파트너링, 관리 특성이 포함된다.

(4) 중앙화된 기능 업데이트로 패치와 업그레이드 다운로드가 필요 없다.

■ **서비스 형태**

(1) 넷 네이티브: 전용 응용 프로그램을 활용한 직접 개발. 네트워크를 통해 다중 사용자에게 서비스. ASP의 사업 형태이다.

(2) 웹 네이티브: 순수 웹 기반의 응용 프로그램을 개발. 웹 서비스 또는 웹 어플리케이션 형태로 제공한다.

(3) 주문형 소프트웨어: 상업용 소프트웨어의 인터넷을 통한 서비스이다.

■ **SaaS와 ASP의 차이점**

(1) SaaS는 전자상거래 관점의 사업적인 반면 ASP는 전산외주의 Coasian Economics에 기초한다.

(2) SaaS는 불특정 다수를 대상으로 전산 서비스의 제공에 중점을 두어 확장성과 고객요구 사항 커스터마이즈에 중점을 둔다.

(3) SaaS는 ASP의 1989년 코닥의 전산 외주의 시작과는 달리 고객의 가치 창조 및 고객 요구 사항을 맞추는데 초점이 맞추어져 있다.

■ **기업용 솔루션을 SaaS 방식으로 제공할 때 검토사항**

(1) 유연성

▶ 해당 솔루션을 SaaS로 제공 가능할 정도로 업무가 표준화 되어 있는가?

▶ 해당 솔루션 도입 시 어느 정도의 커스터마이징이 필요한가?

(2) 통합성

- 기존에 사용 중인 데이터를 마이그레이션 할 수 있는가?
- SaaS로 제공 시 타 시스템 및 솔루션과의 연계가 가능한가?

(3) 시장성

- 솔루션을 SaaS로 제공 했을 때 예상되는 고객은 누구이며 시장 규모는 어느 정도인가?

4.4 Mesh 네트워크 기술

■ **Mesh 네트워크 기술의 정의**

(1) 무선 Mesh Network는 기본적으로 다수의 상호 연동된 네트워크 노드를 통해 기업의 내부로부터 외부까지 무선 네트워크의 범위를 확장시켜준다.

(2) 즉 목적지까지 도달함에 있어 유선 구간을 무선으로 대신하는 것. 이를 통해 회사 건물과 생산시설, 부속건물 등에 안정적으로 무선 네트워크를 제공한다.

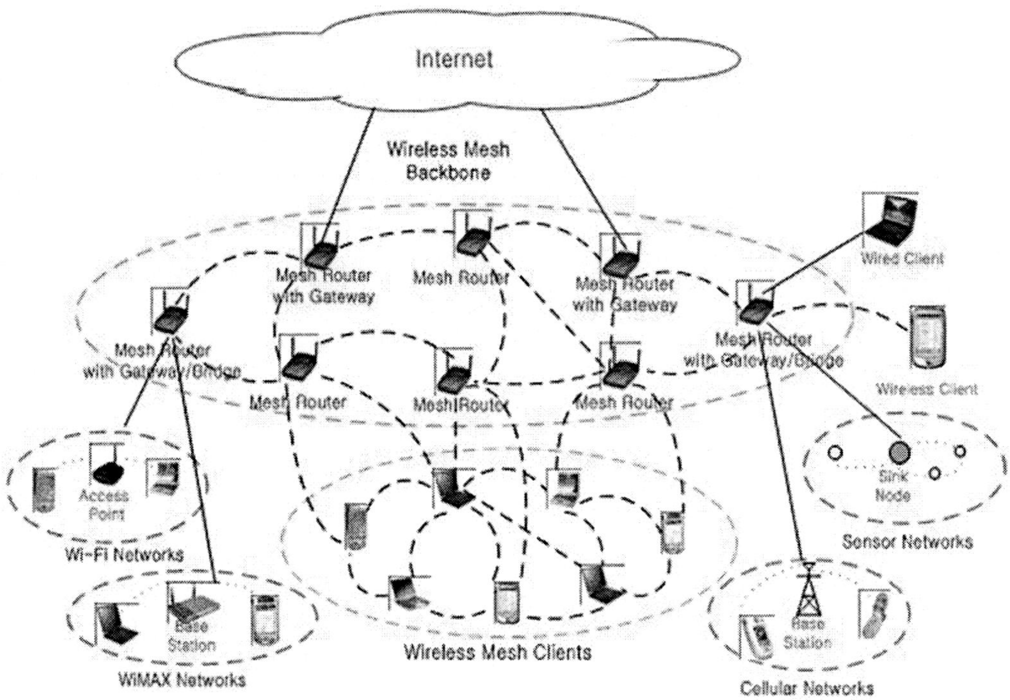

그림 4-4. Mesh 네트워크

■ **Mesh 네트워크 기술의 특징**

(1) Redundancy

▶ 다중 경로 중에서 부하가 적게 걸리는 곳을 선택할 수 있으며 노드를 추가함으로써 안정된 속도를 유지할 수 있다.

(2) Multi-hop 기능

▶ AP간 통신 (2.4Mhz, 5Mhz)을 통해 유선이 미치지 않는 지역까지 통신 서비스를 제공한다.

▶ 유선 인프라 구축 비용 감소, 커버리지 증가, 변하는 환경에 적절히 대응할 수 있다.

(3) Dynamic Topology

▶ 위치가 변하면 구성을 자체적으로 변경하는 유연성을 가질수 있다.

(4) Self Healing

▶ 네트워크 내의 노드가 하드웨어 이상 등의 문제로 네트워크에서 이탈 시, 차선 경로의 네트워크가 새로 구성되어 QoS (Quality of Service)를 보장할 수 있다.

■ **Mesh 네트워크 기술의 활용 분야 및 사례**

Mesh 네트워크 도입 사례는 크게 공공 분야 서비스와 기업, 일반인을 대상으로 한 무선 브로드밴드 서비스로 분류될 수 있다. 군사, 소방, 경찰 등 공공 영역 중에서 임시적으로 네트워크를 구성하고 변경해야 하는 훈련, 응급 상황이 있는 경우에 Mesh Network를 활용하여 유연한 환경을 제공할 수 있다. 이미 미군은 1970년대부터 군사 훈련에서부터 최근 이라크와의 전쟁에 이르기까지 Ad-hoc망을 이용한 통신 환경을 구현하고 있으며 군용 통신망이라는 특성상 미 국방부에서 자체적으로 망을 개발, 보안 강화 등을 실현하고 있다.

또한 대학이나 공장, 도시 지역 등 넓은 지역을 커버하는 무선 랜 환경이 필요한 경우 적합할 것으로 보인다. 광범위한 지역에 핫스팟을 구축하는 경우 모든 AP를 유선으로 연결해야 하며, 이동시에도 지속성을 보장할 수 없으나, Mesh Network환경에서는 대표 AP만 유선에 연결되어 넓은 지역에 걸쳐 데이터 서비스가 가능하며 구축

기간 감소 및 비용 절약 효과가 있다.

이미 미국 루이지애나, 필라델피아와 캐나다 일부 도시 지역에서 Mesh Network기반 통신 서비스가 제공되고 있다. 필라델피아시의 경우 2006년까지 필라델피아 전역을 Mesh 네트워크화하여 무료 통신 서비스를 제공할 예정이라고 한다. 도시 전역의 인프라 구축에 약 천만 달러가 소요될 예정이며 차후 콘텐츠 제공자나 대용량 사용자에 대한 과금도 고려하고 있다고 한다.

이외에도 포화상태에 다다른 선진국의 이동통신 시장을 넘어서 기본 통신 인프라가 구축되어 있지 않은 개발도상국의 통신 시장을 겨냥한 서비스도 고려할 수 있다. Mesh기반의 통신 인프라 구축 시 유선망 신규 구축에 따른 막대한 비용을 감소시키고 넓은 지역에 걸쳐 음성 및 데이터 통신 서비스를 제공할 수 있게 될 것이다.

장기적으로 유비쿼터스 시대의 도래로 가정과 기업, 그리고 외부 환경에서 다양한 기기들의 제어 및 통신이 확대될 것으로 보이며 Mesh Network는 이를 가능하게 하는 주요 기술이 될 것으로 보인다.

Mesh Network시장에는 중, 소규모 솔루션 및 서비스 업체들이 다수 진입해있으며 Nortel, Cisco와 같은 기존 네트워크 업체들도 기존 무선 랜 솔루션의 확장 개념으로 솔루션을 제공하거나 할 예정이다.

그러나 아직까지 Mesh Network시장은 미국 중심으로 발전되고 있으며, 구축 사례의 규모도 크지 않다. 그리고 보다 큰 이슈는 아직까지 표준이 확정되지 않은 관계로 차후 표준 정립에 따른 호환 관련 이슈가 나타날 수 있으며, 한 업체의 기술에 지나치게 종속될 수 있다는 위험성도 있다.

또한 Mesh Network기술이 완전히 검증되지 않아 일반인을 대상으로 서비스를 제공하는데 한계가 있다. 그렇지만 장기적인 관점에서는 도시 지역이나 유선 인프라를 구축하기 어려운 지역에서 네트워크 서비스를 제공할 수 있을 것으로 보인다.

또한 휴대인터넷, HSDPA (High Speed Down Link Packet Access) 등의 이동성 기술과의 연계를 통해 속도, 거리 등의 약점을 보완할 수 있을 것으로 보인다.

종국적으로 유비쿼터스 시대의 무선 인프라 중 하나로 활용될 가능성이 높은 기술이다.

4.5 지그비 (ZigBee) 기술

■ **지그비 기술의 정의**

(1) 지그비 기술이란 저전력, 저가격, 사용의 용이성을 가진 근거리 무선 센서 네트워크의 대표적 기술 중 하나로 2003년 IEEE 802.15.4 작업분과위원회에서 표준화된 PHY/MAC 층을 기반으로 상위 프로토콜 및 어플리케이션을 규격화한 기술이다.

(2) 버튼 하나로 하나의 동작을 잡아 집안 어느 곳에서나 전등 제어 및 홈 보안 시스템 VCR on/off 등을 할 수 있고 인터넷을 통한 전화 접속으로 홈 오토메이션을 더욱 편리하게 이용하려는 것에서부터 출발한 기술이다.

(3) 주파수 대역은 2.4GHz, 868/915MHz를 사용하고, 모뎀 방식은 직접 시퀀스 확산 스펙트럼 (DS-SS)이며, 데이터 전송 속도는 20~250kbps이다.

■ **사용 주파수 대역 및 전송속도**

(1) 전 세계: 2.4 GHz ISM Band (250 kbps), CFR47 part 15

(2) 미국: 915 MHz ISM Band (40 kbps), CFR47 part 15

(3) 유럽: 868 MHz (20 kbps), EN 300 440

(4) 일본: 2.4 GHz (250 kbps), ARIB STD-T-66

(5) 한국: 현재 지그비(ZigBee)용 주파수 확보를 위한 연구를 진행하고 있다.

▸ 전송거리는 10~75m range, 75m/1mW(0dBm)이하, 30mA TX

(6) 2.4GHz 하드웨어의 경우 30m/indoor, over 100m/outdoor

▸ 배터리의 경우 100~1,000day이상의 수명을 유지

■ **지그비 기술의 특징**

(1) 근거리 무선통신

▸ 유선에서 해방된 무선통신으로 근거리 통신에 적합하다.

▸ 저속으로 250Kbps이며 데이터의 전송을 안정적으로 보장한다.

(2) 국제 표준

▶ 구조가 간단하며, 기술 개발이 쉽고, 개발 가격이 저렴하다.

(3) 전력소모가 적음

▶ 휴면 모드를 쉽게 제공한다.

▶ 낮은 전송 빈도의 경우 배터리수명이 다할 때까지 작동한다.

(4) 칩 가격이 저렴함

▶ 장래에 칩 하나에 $1 정도로 저렴하다.

(5) 제품의 상호운용성 보장

▶ 다른 회사의 제품들과 상호 연동이 가능하며, 하나의 리모컨으로 모두 제어할 수 있다.

▶ 전등 제어, 가전제품, 냉 난방기 등을 동시 제어 가능하다.

(6) 다양한 주파수 대역제공

▶ 3개의 다른 주파수 밴드를 지원하고 소비자가 유연하게 자신의 요구에 맞는 최적의 밴드를 선택할 수 있다.

(7) 대량 노드를 지원

▶ 16 비트 주소체계로 216(=65,536개)의 노드를 지원한다.

(8) 여러 네트워크 형태를 지원

▶ Star망, Cluster Tee망, Mesh망 네트워크 형태를 지원한다.

▶ Mesh 네트워크 형태는 라우팅을 통해서 확장할 수 있다.

(9) 설치가 쉽고 안정적

▶ Mesh 네트워크 형태에서 노드가 작동하지 않는 경우 다른 경로를 선택하는 자기 치료를 통해 네트워크의 신뢰를 높인다.

▶ 지그비 기술은 CCA (Clear Channel Assessment) 메커니즘을 제공하므로 동일 대역의 Wi-Fi와 같은 다른 무선 네트워크를 찾아보고 피할 수 있다.

▶ 알림 (ACK)메시지를 통하여 데이터가 목적지에 잘 도착되었는지 확인할 수 있다.

(10) 우수한 보안

▶ 다중 레벨 (Multiple Levels)의 보안이 네트워크와 데이터를 안전하고 손상되지 않도록 보장한다.

(11) 지그비 기술의 서비스 가능 온도

▶ -40 ~ +85도

■ **지그비 기술의 적용 분야**

(1) 가정 자동화 (Home Automation)

(2) 지그비 스마트 에너지 (ZigBee Smart Energy)

(3) 상업용 빌딩 자동화 (Commercial Building Automation)

(4) 통신 애플리케이션 (Telecommunication Applications)

(5) 개인, 가정, 병원 (Personal, Home, and Hospital Care)

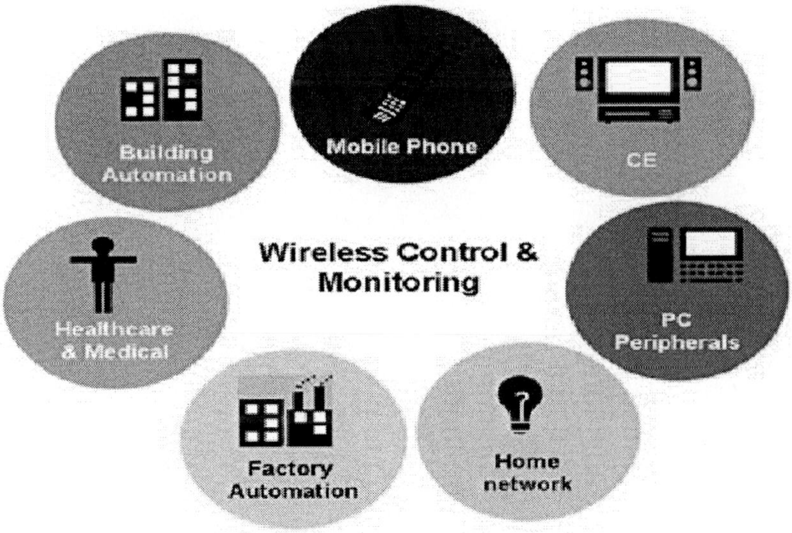

그림 4-5. 지그비 적용 분야

■ 주파수 대역별 특징

구분	2.4GHz	868MHz	915MHz
Data Rate	250Kbps	20Kbps	40Kbps
Channel	11~26	1	10
DSSS	32-chip PN code	15-chip PN code	
Chip Modulation	O-QPSK	BPSK	
Symbol Rate	62.5Ksym/s	20Ksym/s	40Ksym/s
Chip Rate	2.0M chips/s	300K chips/s	600K chips/s
Sensitivity	-85dBm	-92dBm	
Transmit Power	odBm (1mW)		

■ 타 기술과 지그비 기술의 비교

항목	지그비 (ZigBee)	블루투스 (Bluetooth)	Wireless LAN
통신 거리	10m (고정시 1~100m)	10~100m	최대 150m
Device 및 확장성	65536개 이상	7개	1개
전송속도	2.4GHz: 250kbps 915MHz: 40kbps 868MHz: 20kbps	2.4GHz: 1Mbps	2.4GHz : 11Mbps ->54Mbps
채널수	2.4GHz: 11~26 915MHz: 10 868MHz: 1	-	2.4GHz : 79
기반규격	IEEE892.5.4	-	IEEE 802.11b
Battery	non-Rechargeable	Rechargeable	Rechargeable

4.6 블루투스 (Bluetooth) 기술

■ **블루투스 기술의 정의**

(1) 블루투스 (Bluetooth)란 핸드폰, PDA, 노트북과 같은 포터블한 장치들 간의 양방향 근거리 통신을 복잡한 전선 없이도 저가격으로 구현하기 위한 표준의 근거리무선통신 기술 및 제품을 총칭하여 일컫는다.

(2) 1994년 에릭슨의 이동통신그룹 (Ericsson Mobile Communication) 휴대폰과 주변기기들 간의 소비전력이 적고 가격이 싼 무선 (Radio)인터페이스를 연구하기 시작했다.

(3) 블루투스가 주목받는 이유는 블루투스에 자체 보안기능 (key운영, Authentication, Encryption등)을 가지고 있어 전자상거래와 같은 높은 보안이 필요한 통신 매체로도 활용할 수 있다는 것이다.

(4) 또한, 휴대전화 사용의 경우 무선 귀걸이형 전화 (HandSet)만 있으면 전화가 어디 있든 언제든지 전화할 수도 있고, 전화기 한 대로 사무실과 가정에서 전화비용을 낼 필요 없이 무선 인터넷폰으로 전화를 사용할 수 있다.

(5) 일반전화 (PSTN), 휴대전화 (Cellular, PCS)까지 사용할 수 있어 전화 하나로 3가지 전화를 쓰는 효과가 된다.

(6) 가정 및 사무실에서 사용되는 모든 정보기기에 장착되는 것을 목표로 무선망 (wireless piconet, ad hoc scatternet 등)을 구성하여 어떠한 유/무선망과도 연동할 수 있게 한다.

(7) 따라서 블루투스를 이용한 무선 네트워크가 완성되면 모든 정보기기 (특히, 노트북, PDA, 휴대단말기) 간의 자유로운 데이터 교환이 이루어지며, 인터넷 브리지를 구성하면 현재 광케이블이나 ADSL, 모뎀 등을 통해 데스크 탑 컴퓨터에 도달해 있는 인터넷 정보가 비로소 사용자의 손 안에까지 도달할 수 있게 된다.

(8) 즉, 무선통신의 궁극적인 목표인 언제, 어디서나, 누구나, 어떤 형태의 정보도 교환한다는 목표에 대한 완성으로까지 볼 수 있다.

■ **블루투스 기술의 장점**

(1) 3-in-1 phone: 사무실에서는 내선전화, 자택 내에서는 무선전화, 밖에서는 휴대전화가 되는 3-in-1 전화 서비스를 제공한다.

(2) 인터넷 브리지: 인터넷 접속 가능한 휴대전화기와 무선 네트워크가 가능해 언제 어디서나 노트북으로도 인터넷 접속이 가능하다.

(3) 신속한 데이터 교환: 회의 도중, 연결 케이블 없이도 곧바로 데이터를 교환이 가능하다.

(4) 데이터 동기화: PDA, 휴대단말기 등과 노트북, PC등의 파일 및 데이터들이 일일이 새로 업데이트 하거나 유선으로 연결해서 파일 및 데이터를 전송하지 않아도 서로 같아 질 수 있게 된다.

(5) 무선 컴퓨터: 마우스, 키보드, 프린터, 스캐너 등의 각종 컴퓨터 주변기기들이 무선으로 연결되므로 컴퓨터 주변의 복잡한 전선들이 없어지고 기기의 이동성 및 사용 편리성이 증대된다.

(6) 자동차 응용: 핸즈프리 자동차 킷 기능을 제공한다.

(7) 정보 키오스크 (kiosk): 상점이나 정보 키오스크 가까이 갔을 때 블루투스를 통하여 사용자의 단말기로 정보가 바로 들어올 수 있게 된다.

(8) 노트북 전화: 유선전화와 무선 네트워크로 노트북에 핸드셋을 연결하여 휴대전화 없이 사용 가능하다.

(9) Briefcase trick: 가방 속에 넣어둔 노트북에서 휴대폰 또는 인터넷 브리지를 통하여 미리 작성해 둔 e-mail 등을 송수신할 수 있는 기능을 제공한다.

(10) 즉석 우편: 디지털 카메라로 찍은 영상을 노트북으로 전송하고 곧 바로 그림엽서 등으로 편집하여 전송이 가능하다.

(11) 비디오 및 사진 전송 서비스를 제공한다.

(12) 무선 헤드셋: 블루투스가 탑재된 헤드셋을 착용하면 선이 연결되었을 때 생길 수 있는 행동이나 이동의 제약으로부터 자유로워진다.

■ **블루투스 기술의 특징**

(1) 1Mbps의 전송 속도 (실제 723kbps)

(2) 저소비전력 (대기상태 0.3mA, 송수신시 최대 30mA)

(3) 전송거리 10m 및 Option으로 100m 까지 가능

(4) Class 1,2,3의 송신 전력 (각 100mW, 2.5mW, 1mW)

(5) GFSK (Guassian Frequency Shift Keying) 변조방식 사용

(6) FHSS (Frequency Hop Spread Spectrum)사용 (79/23ch, 1600hop/sec)

■ **블루투스 기술의 보안 기능**

(1) 인증을 위한 challenge-response 루틴

(2) 암호와를 위한 스트림 비화 (stream cipher)

(3) 세션 키 생성 (연결 중 임의의 시간에 변경 가능)

(4) 동기시 연결 지향형 링크 (synchronized connection oriented link): SCO link.

(5) 비 동기식 비 연결형 링크 (asynchronous connection less link): ACL link.

4.7 BCP (Business Continuity Plan)

■ **BCP의 정의**

조직이 미리 정의된 최소 수준의 운영을 보장할 수 있도록, 사전에 위험을 방지하고 고객서비스 및 기업 핵심 업무의 연속성을 유지함으로써 기업 가치를 극대화하는 개념으로서 기존 DRP (Disaster Recovery Planning) 등에서 중점적으로 고려되어 왔던 IT 시스템에 관한 영역뿐만 아니라, 사람, 사무실 공간, 중요한 문서와 같은 다른 물리적인 자산을 포함하여 순수 Business 영역까지 포괄함으로 전체적인 측면에서의 재해관리를 다루는 계획이다.

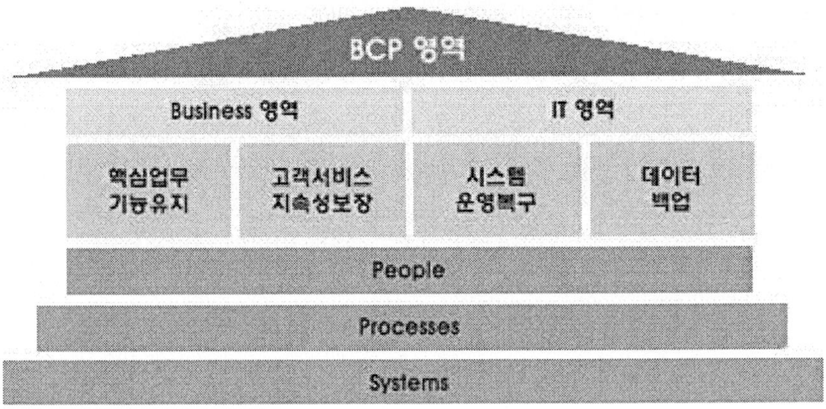

그림 4-6. BCP 구성

재난 발생 시 손실에 대한 분석을 통해 사전 문제점 제거, 복구전략 정형화 및 체계화, 테스트, 유지보수 프로그램을 도입하는 일련의 작업을 말한다.

BCP는 핵심 업무와 주요 자원의 이용이 불가능하게 되는 "최악의 상황"을 가정하고 수립하는 것이 바람직하며, 최소자원과 용량의 산정 시에는 재해 복구뿐 아니라 비상운영 상태를 고려한다.

■ **BCP의 구성요소 및 범위**

재난복구 계획 수립 시 반드시 고려해야 할 사항으로 경영전략 및 IT전략을 고려한 재해복구 전략을 수립해야 하며, 재해복구 시스템을 구현함에 있어서 현재 구성되어 있는 업무의 특성과 재해 시 사업에 미칠 영향 등을 고려한 전략을 수립하여야 한다. 그리고 전략수립을 통해서 각각의 단위업무별 우선순위를 결정하고 이에 적합한 솔루션을 선정한 후, 현재 운영 중인 IT인프라에 대한 평가와 이에 대한 새로운 정보 인프라를 선정해야 한다.

BCP는 비즈니스 관점에서 전반적인 위기관리를 기반으로 한 리스크 평가, 상시운영계획, 대응 및 복구활동, 훈련/학습, 위기전달 등을 포함해야 한다. 따라서 BCP는 아래와 같은 구성요소들을 가지게 된다.

(1) 재해 및 재난으로 분류되는 위기들 중에서 조직의 취약한 부분에 영향을 미칠 수 있는 위험요소들을 분류하고, 그 조직과 관련된 위험의 발생빈도와 영향의 크기를 예상하는 위험 평가 (Risk Assessment)이다.

(2) 비즈니스 프로세스를 상실 했을 때 손실의 규모를 평가하는 업무 영향 분석 (Business Impact Analysis)이다.

(3) 위험을 최소화 할 수 있는 전략을 수립하고, 최선의 대안을 준비하며, 예방의 시스템을 구축하는 위험관리 (Risk Management)이다.

(4) 안전과 보안 (safety & security)인데 주로 인적, 물적 자원의 안전성과 보안 문제를 취급한다.

(5) 재해 및 재난 발생으로 인한 대응, 복구, 계획 그리고 훈련 계획을 세우는 상시운영계획 (contingency plan)이다.

(6) 재해, 재난으로 인한 인적, 물적 자원 긴급 조치와 비즈니스 프로세스를 복구하는 대응/복구 단계이다.

(7) 위기전달 (crisis communication)로, 조직 내/외부에 위기 상황을 알림으로써 적극적으로 위기상황을 대처하는 것이다.

(8) 평상시 BCP에 따라 훈련과 모의 실전을 한 다음, 그 내용을 평가하고, 상시운영계획을 수정, 보완하는 훈련이다.

(9) 경험했던 재해, 재난 혹은 다른 위기 사례를 통하여 BCP역할을 평가하고 피드백 하는 조직학습이다.

서비스 관리 및 운영 시 IT 사용에 관한 뛰어난 사례 조언 및 지침 개발로 인정을 받은 영국 정부 기관인 CCTA (Central Computer and Telecommunications Agency)의 BCP 구축 프레임워크는 다음과 같다.

Phase 1: 개시	• 업무 연속성 관리에 관한 정책 수립 • 업무 연속성 관리에 관한 내용과 범위의 구체화 • 업무 연속성 관리에 관한 자원의 분배 • 업무 연속성 관리에 관한 프로젝트 조직과 통제 구조의 정의 • 업무 지속성 관리에 관한 프로젝트 및 품질 계획에 대한 합의
Phase 2: 전략수립	• 업무영향분석 (BIA : Business Impact Analysis) • 위험평가 • 업무연속성전략 수립
Phase 3: 구현	• 조직화 및 구현계획 개발 • 복구대책의 실행 • 업무복구계획의 개발 • 위험감소대책의 실행 • 절차 개발/초기 시험
Phase 4: 운영관리	• 교육 • 훈련 • 시험 • 변경/통제 • 보증

(1) 개시단계

▶ 업무지속성관리에 관한 정책의 수립, 참조내용과 범위의 명시, 자원분배, 프로젝트 조직, 통제구조, 계획에 대한 정의 및 합의라는 활동으로 구성된다.

(2) 전략수립단계

▶ 이 단계에는 업무 영향 분석, 위험 평가, 업무 연속성 전략을 수립하는 활동으로 구성된다. 이 단계는 효과적이고 효율적인 업무 연속성 관리를 위해서 가장 중요한 단계라고 할 수 있다.

(3) 구현단계

▶ 조직 및 실행계획, 예비계획의 실행, 절차 개발, 초기 테스트 등의 활동으로 구성된다.

(4) 운영관리 단계

▶ 운영관리 단계는 교육 및 훈련, 테스트, 변경통제, 검토 및 보증활동으로 구성된다.

4.8 재해 복구 시스템 (Disaster Recovery System) 기술

■ **재해 복구 시스템의 정의**

(1) 천재 지변이나 대외 테러 등, 외부적 문제와 인재에 의한 문제 발생에 대처할 수 있는 조직 구조, 제도, 가이드라인을 포함한 환경적 요인과 기술, 기능적인 시스템을 갖추고 비상계획과 조직 운영을 통하여 다시 기능을 회복하여 기업의 업무 수행을 지속적으로 유지될 수 있도록 지원하는 시스템이다.

(2) IT 시스템이 재난으로 중단됨으로써 발생할 수 있는 기업의 중대한 손실요인을 미연에 방지하기 위하여 원격지에 별도의 IT 시스템을 구축하는 것을 의미한다.

■ **재해 복구 시스템의 특징**

(1) 효율적 자원 관리
- ▶ 최소의 비용으로 신규 시스템 구성
- ▶ 새로운 서버 설치 요구를 몇 분 안에 가상 머신으로 가능
- ▶ 비즈니스 요구의 빠른 대처

(2) 서버 설치 공간 최적화
- ▶ 서버 설치 공간문제 해소

(3) 간편한 신 시스템 구성
- ▶ 새로운 시스템이 필요할 시 해당 벤더의 Appliance 가상 머신을 다운 받아 설치하면 간단하게 원하는 시스템 구성

(4) 단순화 솔루션
- ▶ 동일 모델 하드웨어 유지 관리 불필요
- ▶ 캡슐화된 가상 머신만 관리하면 되므로 백업 및 복구의 복잡성 대폭 해소

(5) 획기적 비용 절감
- ▶ 자본 비용 감소: 연간 50% - 70%
- ▶ 변동비 감소: 연간 60% - 80%

▶ IT 자원 요구 사항 감소: 연간 70 - 90%

(6) 신뢰성 높고 빠른 재난 복구

▶ 수작업 프로세스 자동화 가능

▶ 모의 테스트 및 교육

■ **재해 복구 시스템의 구성도**

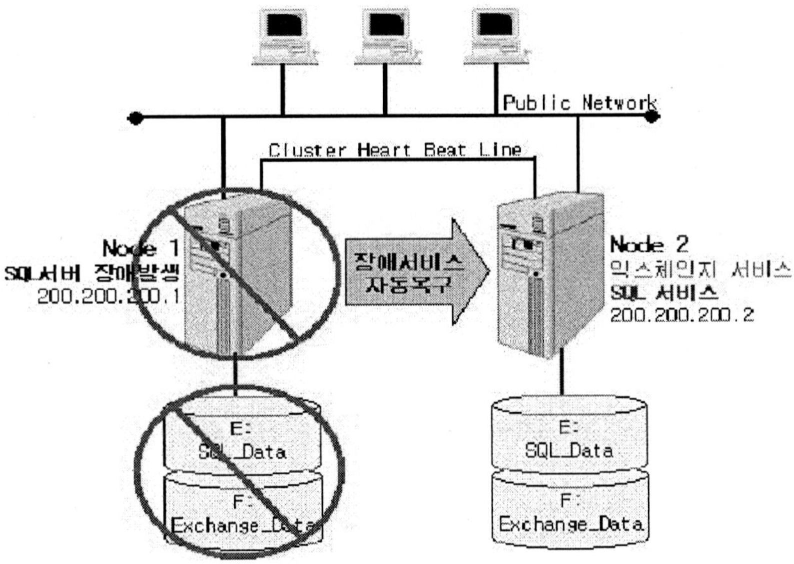

그림 4-7. 재해 복구 시스템 구성

■ **재해복구시스템 구축을 위한 핵심 고려사항**

(1) 주 센터와 원격센터의 거리

▶ 구축을 위한 최우선의 고려사항은 주 센터와 원격센터 간의 거리이다.

▶ 원격센터의 위치와 거리는 재해복구 시스템의 형태와 구현기술 등에 직접적인 영향을 주기 때문이다.

(2) 데이터 통신 회선의 종류와 개수

▶ 주 센터와 데이터 통신을 할 수 있는 회선의 종류와 개수를 선정해야 한다.

▶ 회선의 종류와 개수를 선정하면 설치된 기존의 회선을 사용할지 통신업체의 회선을 임대해 사용할지를 결정한다.

▶ 거리에 따라 자체적으로 회선을 신규 설치하거나 증설할 수도 있다.

▶ 회선의 종류, 개수, 이용방법을 선정하는 것은 데이터의 전송방식, 구현 형태와 기술의 결정에 중대한 영향을 주므로 매우 중요한 요소이다.

(3) 데이터의 전송 방식과 기술

▶ 데이터 통신의 회선 선정이 완료되면 재해 복구 시스템에서 데이터 전송에 이용할 수 있는 최대의 대역폭을 알 수 있다.

▶ 대역폭에 따라 데이터를 원격센터에 보내는 전송방식, 주체, 기술을 결정할 수 있고 결정한 데이터 전송 방법은 RPO (Recovery Point Objective), RTO (Recovery Time Objective)에 영향을 미친다.

(4) 페일오버의 형태

▶ 페일오버는 주 센터에 재해가 발생했을 경우 원격센터가 주 센터의 업무를 수행 가능하도록 하는 프로세스이다.

▶ 페일오버는 자동화가 가장 중요하며, 자동화의 여부에 따라 페일오버의 수행 시간과 완료 시간뿐만 아니라 완료 후 서비스 재개의 정확도는 달라진다.

(5) 원격시스템과 원격센터의 이중화 여부

▶ 재해 복구 시스템을 통해 주 센터의 서비스를 복구했다고 해도 원격시스템과 원격센터도 역시 장애와 재해의 발생 가능성이 있다.

▶ 재해 발생 후에 주 센터의 재해복구 작업이 진행 중인 상황에서 원격시스템의 장애로 인해 서비스가 중단될 수도 있다.

▶ 원격센터의 재해발생은 1차 재해발생 상황보다 복구시간과 데이터의 손실이 커지게 된다.

(6) 재해복구의 투명성

▶ 재해복구의 투명성은 장애나 재해가 발생하더라도 시스템 사용자가 페일오버 상태를 인지하지 못하고 업무를 지속적으로 수행하도록 보장한다.

▶ 재해복구 시스템은 100% 투명성을 제공하는 것을 목표로 구축해야 한다.

4.9 ITS (Intelligent Transportation System) 기술

■ **ITS 기술의 정의**

도로와 차량 등 기존 교통의 구성요소에 첨단 전자, 정보, 통신 기술을 적용시켜 교통시설을 효율적으로 운영하고, 통행자에게 유용한 정보를 제공함으로써 안전하고 편리한 통행과 전체 교통체계의 효율성을 기하도록 하는 교통부문의 정보화 사업이다.

■ **ITS 기술의 목표**

교통체계 운영효율성 및 용량의 증가를 통한 교통 혼잡 완화, 여행자 서비스 개선을 통한 운전자의 이동성, 편의성 및 안전성 향상, 교통시스템의 안전성 제고, 국가산업 경쟁력의 강화, 에너지 효율의 제고 및 대기오염의 절감을 통한 환경비용의 절감, 자동차 및 ITS 관련 산업의 발전 등에 있다.

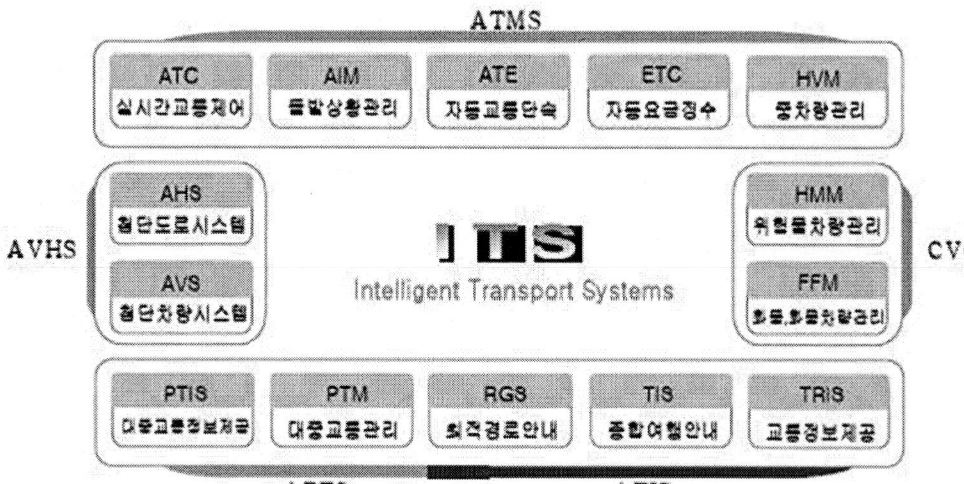

그림 4-8. ITS 구성

■ 세계 ITS 추진 및 시장 동향

세계 ITS 시장에 대한 전망을 살펴보면, 미국의 ITS 시장규모는 2015년에는 약 4,200억 달러 규모로 성장할 것이며, 이중 80% 이상이 민간부문에서 발생될 것으로 ITS America는 예측하고 있다.

일본의 경우에도 최근 차량항법장치 및 VICS (Vehicle Information and Communication System)를 기반으로 시장이 크게 형성되고 있으며, 2000년에서 2015년까지 ITS 관련 정보통신 서비스 · 단말기 · 인프라 산업은 총 누적 60조엔 규모의 시장이 창출될 것으로 예측하고 있다. 이러한 긍정적인 시장 예측에도 불구하고 ITS시장이 본격적인 시장을 형성하지 못하고 있는 이유는 견고한 ITS 인프라 구축을 위한 제반 기술의 표준 미비, ITS망 구축표준안의 부재라는 기술적 요인과 비용대비 효과의 불투명을 들 수 있다.

또한 차량 및 관련 소프트웨어적인 측면의 서비스가 아직 초기단계이고, 가격 역시 고가여서 공공 성격을 띤 프로젝트에 걸맞는 시스템의 당위성을 얻지 못하고 있는 실정이다.

주요 ITS 선진국들의 ITS 관련 동향을 살펴보면, 미국, 일본, 유럽 등과 같은 국가들은 1980년대부터 ITS 관련 연구, 핵심 요소기술개발, 시범사업 시행 평가 등 다양한 분야의 ITS 사업을 추진해오고 있다.

특히 미국과 일본의 경우, ITS 산업은 개발 초기 단계를 지나 시스템 구축/통합 단계로 진입하여 개별시스템간의 통합을 통한 ITS 효과의 극대화에 주력하고 있으며, ITS의 최종 목표인 완전자동주행 (Advanced Highway System: AHS) 구현을 위한 기술개발 단계에 있다.

■ 국내 ITS 시장 동향

국내 ITS 산업은 크게 정부 및 지방자치단체 중심의 사업과 민간 중심의 사업으로 분류되지만, 현재까지 초기 단계이고 기본 인프라 구축이 민간의 본격적인 ITS 시장 참여를 지원하기에는 미비한 상태이기 때문에 관련 산업의 파급효과가 현재로서는 작다.

또한, 차량항법장치의 보급과 최근 텔레매틱스 및 위치기반 서비스의 도입 등을 통해 민간의 시장참여가 이루어지고 있으나, 여전히 국가 기반시설로서의 도로망과 통신망 같은 인프라 확충과 교통제어와 차량단속 등의 교통관리 최적화 분야가 정부의 주요투자대상이며 시장을 주도하고 있기 때문에 정부 및 지방자치단체 등 도로와 교통을 관리하는 공공부문을 주축으로 시장이 형성되고 있다.

따라서 국내 ITS 시장은 정부 투자에 의한 기반 인프라 구축에 참여하는 SI 업체, 시스템 하드웨어 및 소프트웨어 공급업체가 국내 시장을 주도하고 있으며, 점차 상용화가 가능한 분야를 중심으로 이동통신사업자, 자동차 제조업체, 콘텐츠제공업체 등 민간의 참여가 꾸준히 증가하는 추세를 보이고 있다.

그러나 다양한 산업의 관련 업체들이 시장에 참여하기에는 수익성 확보에 어려움이 있기 때문에 시장성이 있는 분야를 중심으로 민간 업체들이 참여할 수 있는 비즈니스모델의 개발이 시급한 실정이다.

4.10 CAN (Controller Area Network) 기술

■ **CAN 기술의 개요**

(1) 여러 가지 ECU (Electronic Control Unit)들을 병렬로 연결한다.

(2) 우선순위대로 처리하는 방식이다.

(3) 여러 가지 장치를 단지 2개의 선으로 컨트롤 기능을 수행한다.

(4) 현재의 자동차의 경우 다음의 여러 가지 기능들이 요구되며 CAN 통신은 이를 가능하게 한다.

(5) 기존의 통신방식에 비해 설치가 간편하고 신뢰성이 있으며 시장성이 있는 CAN 통신은 자동차 분야 외에도 산업 전반에 걸쳐 적용 분야가 날로 증대되고 있으며, 특히, 다중 마이크로 컨트롤러간의 통신에 적용하는 Embedded Machine control 어플리케이션 분야는 가장 큰 성장 분야중의 하나이다.

(6) 1986년 자동차 내의 서로 다른 세 개의 전자장치 (ECU-Electronic Control Unit) 간의 통신을 위한 통신 장치 개발을 자동차 업체인 벤츠의 요구에 의하여 자동차 부품 업체인 독일의 보쉬에 의해 최초로 개발되었다. 초기에는 UART 방식을 고려하였으나 일대일 (Point To Point) 통신 방식이기에 서로 다른 세 개의 ECU 간의 통신 방식으로는 적합 하지 않아 다중통신 (Multi Master Communication) 방식이 필요하게 되어 CAN이 탄생하였다. 그 후 최초의 집적화된 CAN 부품은 1987년 인텔에 의해 생산 되어졌다.

※ 예) 에어백, ABS 자동문 잠김 등의 자동차에 트렁크나 조수석 쪽에 문이 살짝 열린 경우, 또는 핸드 브레이크를 걸어 논 상태의 경우에 이를 감지하지 못할 때에는 위험적인 문제가 발생 할 수 있다.
이를 방지하기 위해서 여러 가지 기능 들이 상호 정보들을 공유해 차문이 열려져 있을 경우에는 경보를 해줄 수 있다. 또는, 어느 정도의 운행 속도에 이르면 차 문이 저절로 잠기는 '오토락' 기능으로도 해결 할 수 있다.
이처럼 각각의 ECU간의 정보교류로 인해 우리는 좀 더 안전하고 편안하게 그리고 일대일의 기기 조작만이 아닌 연쇄적인 조작이 가능하다.

■ **CAN 기술의 특징**

(1) CAN 프로토콜은 Multi Master 통신을 한다.

▸ 통신버스를 공유하고 있는 CAN컨트롤러들은 모두가 Master 역할을 하여 언제든지 버스를 사용하고 싶을 때 사용 할 수 있다.

(2) 노이즈에 매우 강하다.

▸ 레벨은 다르지만 RS485와 비슷하게 twist pair 2선을 사용하여 전기적 Differential 통신을 하여 전기적인 노이즈에 매우 강하다

(3) 표준 프로토콜이므로 시장성이 뛰어나다.

이로 인해 많은 업체들이 경쟁적으로 CAN칩을 제작하고 있으며, 비용 또한 비교적 저렴하다. CAN 프로토콜은 호스트 CPU에 내장된 CAN 컨트롤러 칩이나, 호스트 CPU에 장착된 CAN 주변장치에서 실행된다.

(4) 통신 속도가 빠르다.

▸ 최대 1Mbps까지 사용할 수 있다.

(5) 먼 거리를 통신할 수 있다.

▸ 최대 1000m 까지도 40kbps로 통신할 수 있다.

(6) 하드웨어적인 오류보정이 있다.

(7) 하드웨어적으로 설정된 ID만을 골라 수신 받을 수 있다.

▸ CAN에는 수신필터가 있어 필터를 어떻게 설정하느냐에 따라 정해진 ID, 특정 그룹 또는 전체 수신을 할 수 있다.

(8) 실시간 메시지 통신을 할 수 있다.

▸ 한번에 8개의 데이터를 전송하는 HW 패킷을 제공한다.

▸ 보통 RS232/RS485 통신에서는 패킷 통신을 위해 사용자가 일일이 패킷 형식을 만들어 주고 수신 받을 때도 그런 해석이 필요하지만 CAN은 8바이트 데이터를 담는 HW 패킷 통신을 기본으로 한다.

▸ 따라서 사용자는 데이터 버퍼에 데이터를 쓰고 전송만하면 그 외 모든 처리는 HW가 알아서 한다. 분산제어 분야 적용이 용이하다.

(9) 사용되는 전선의 양을 획기적으로 줄일 수 있다.

(10) 우선 순위가 있으며, PLUG & PLAY를 제공한다.

■ CAN 데이터 전송 개요

(1) 통신 방법의 개요

- ▶ 각각의 메시지는 자신의 고유 ID를 갖는다.(CAN 2.0A = 11bit, CAN 2.0B = 29bit)
- ▶ 모든 노드는 bus idle 상태에서 데이터 전송가능하다. (multi master)
- ▶ 메시지 충돌의 중재는 ID를 통하여 우선순위를 결정한다.
- ▶ 수신 노드는 메시지 ID를 체크하여 무시 또는 저장한다.
- ▶ 수신 노드는 메시지 수신 후 응답(acknowledge) 신호를 발생한다.
- ▶ 메시지 포맷 에러를 판단하면 버스(bus)에 에러 신호를 발생한다.

(2) 메시지 프레임의 구성

- ▶ Frame: 하나의 메시지를 이루는 필드 또는 비트(bit)들의 집합
- ▶ Data frame: 일반적으로 전송되는 데이터 메시지
- ▶ Remote frame: 특정한 ID의 데이터 프레임 전송을 요청
- ▶ Error frame: 에러를 판단한 노드가 전송하는 메시지
- ▶ Overload frame: 데이터 프레임 사이에 지연이 필요한 경우 전송하는 프레임

참고자료

- EPCglobal, http://www.epcglobalinc.org
- 한국 RFID/USN 융합협회, http://karus.or.kr
- 한국 유통물류진흥원, http://www.gs1kr.org
- RFID 산업 활성화 지원센터, http://www.rfiddb.or.kr
- RFID 코드등록 · 검색 서비스, https://www.rfidcode.kr
- 기술표준원, http://www.kats.go.kr
- RFID 저널 코리아, http://www.rfidjournalkorea.com
- 정보통신산업진흥원, http://www.nipa.kr
- ITFind, http://itfind.or.kr
- 전자신문, http://www.etnews.com
- 한국정보통신기술협회, http://www.tta.or.kr
- ZigBee Alliance, http://www.zigbee.org
- AeroScout, http://www.aeroscout.com
- RTLS 기반 미아 찾기 서비스 응용 요구사항 프로파일[Application Requirement Profile at the finding Missing Children Service based on RTLS] (2008-0929)
- RFID 유통물류 정보화 도구, 한국유통물류진흥원
- 유비쿼터스 세상을 여는 RFID/USN, 한국인터넷진흥원

주 의

1. 본 보고서는 지식경제부의 대학 IT전공역량강화사업(NEXT), 서울어코드 확산사업의 수행 결과입니다.
2. 본 보고서의 내용을 발표할 때에는 반드시 지식경제부의 사업결과임을 밝혀야 합니다.
3. 국가과학기술 기밀유지에 필요한 내용은 대외적으로 발표 또는 공개할 수 없습니다.